PIERFRANCESCO MARIA ROVERE

VIVERE INSIEME!

COMUNICAZIONE E SOCIOLOGIA IN ETOANTROPOLOGIA E NATUROLOGIA EPIGENETICA

Piacendo a Dio.
Qui soit agréable à Dieu.
That is pleasing to God.

Ringrazio D.o e ringrazio tutto e tutti per i doni
meravigliosi e continui della conoscenza e
dell'amore per il bene di tutti gli esseri.

Collana: Preventer Self-Caregiver© W 17

Collana diretta dal Dr. Pierfrancesco Maria Rovere

New Wellbeing concepts
Nuovi concetti di benessere
Nouveaux concepts de bien être

© Pierfrancesco Maria Rovere

Nel deserto, tra la sabbia emerge la Piramide di Chauachi a Nazca in Perù, è la memoria di un popolo che si è estinto.
Mi chiedo: "A causa di cataclismi o di difficoltà relazionali?".
E se noi fossimo prossimi ad una trasformazione simile?
Quali strategie potremmo utilizzare per evitarla?
Come dovremmo pensare per vivere meglio?
Quali sistemi di credenze potremmo utilizzare?
E se fossimo esseri infiniti come potremmo manifestare la nostra luce interiore?

Ringrazio Arianna Romano per la revisione e supervisione del libro ed Attilio La Porta per i consigli e le correzioni di bozza.

LA PACE DI D-O È IN NOI

Il *20 giugno 2017* l'Ambasciatore d'Italia nel Principato di Monaco S.E. Cristiano Gallo, l'organizzatrice di Sanremo Benessere Dott. Rosa Mininni, il Dott. Mauro Marabini direttore della rivista l'Editoriale che ci ha accolti alla libreria Scripta Manent di Montecarlo, presenziano alla nascita ufficiale dell'epoca del **Preventer Self-Caregiver**, la persona che **migliora la qualità della propria vita e previene** con il **comportamento Win Win Win:** io vinco quando vinci anche tu e vince la natura.

Si è dato vita ufficialmente al percorso di studio e ricerca sul network neurobiologico dell'organismo, per comprendere gli algoritmi che modulano l'utilizzo delle risorse biochimiche e psichiche che forniscono il nutrimento e gli strumenti per una corretta manutenzione del corpo umano e della società, con l'obiettivo di sviluppare la serenità, pace, in armonia tra tutti gli esseri per il bene comune.

La manutenzione è prevenzione!
Human maintenance is prevention!

Nota:

Nel libro compare la parola **D-o** per esprimere il concetto del Creatore, per rispetto alle tradizioni che lo vogliono impronunciabile, inconoscibile, eterno ed infinito.

Ringrazio Stefano Franchini per avere condiviso la sua visione, suggerendomi di aiutare il lettore, per superare le incongruenze storiche e sociali delle religioni, a considerare D-o come convergenza della **Parte Migliore di noi,** la parte migliore della creazione, delle potenzialità che emergono dall'archetipo dell'inconoscibile ma della quale osserviamo gli effetti.

INDICE

PREMESSA

Quali possibilità abbiamo per comprenderci?

*Ciò che non vuoi che sia fatto a te stesso,
non farlo agli altri.*
Confucio, *Dialoghi, ca. 479/221 a.e.c.*

Venerdì cercavo un libro che mi riassumesse come relazionare con gli altri.

Conosco molte tecniche di comunicazione, ho fatto anche dei corsi per imparare ad insegnare e per parlare in pubblico, però qualche volta la stanchezza vorrebbe vincere e servono dei piccoli aiuti.

Come spesso accade nel momento del bisogno ti rendi conto che gli stessi aiuti si sono nascosti, forse non sono stati ancora inventati...

Quello è il momento in cui ti è richiesto di accedere alla tua esperienza, ai tuoi talenti, al Progetto che ti vuole mettere alla prova...
Allora mi lsono scritto (il libro) facendo il punto del meglio che ho compreso sulla comunicazione nella mia vita di persona e di medico.

Sono andato contemporaneamente allo Zoo Safari Park di Pombia presso Novara per respirare un'aria umana tra gli animali, ho fatto qualche foto per alleggerire le pagine e così ho stampato la prima bozza...

Eccolo.

PREFAZIONE

Il Macchu Picchu, memorie lontane di destini...
(non è Pombia ma il Perù...)

Zitto!

Da bambino stavo sempre zitto perché temevo gli effetti nefasti delle parole. Quando parlavo gli adulti non mi ascoltavano e se mi ascoltavano era per utilizzare e manipolare le mie parole per dei loro motivi; le trasformavano e le innescavano come una miccia per alimentare esplosioni di litigi cronici.

Quando vedevo parlare gli adulti, dopo poche parole iniziavano a litigare, normalmente dicevano la stessa cosa, con parole diverse, ed iniziavano con "Tu sei...", "*Tu mi hai detto*", "*Tu mi vuoi fare passare per scemo...*" ecc. E se erano i miei genitori immancabilmente finivano con "*Tuo figlio fa questo*" e l'altro "*No! È tuo figlio che fa..., che ha detto..., che pensa...*", naturalmente era tutto inventato e nessuno mi interpellava. Si inventavano delle follie sul mio conto impedendomi qualsiasi commento perché ero piccolo e dovevo stare zitto.
Quindi avevo adottato il modello
- **meno si parla, meglio è** -.

Oggi mi rendo conto che parlare è indispensabile e che anche il silenzio è una forma di comunicazione, quindi diventa opportuno utilizzare dei validi strumenti per esprimere pochi concetti nella

speranza che vengano recepiti correttamente, anche con forza e determinazione nell'esprimerli.

Nella vita nessuno ci insegna come comunicare, come vivere sereni e con risultati definibili vincenti.

Normalmente siamo formati dall'ambiente, dalle persone con cui veniamo in contatto e dai media che ci condizionano con programmi, fiction, cartoni animati ecc.
Molte volte, semplicemente cambiando il punto di osservazione, il modo di vedere una cosa, di considerarla, cambia radicalmente il modo di vivere, di percepire le cose, di sentirci. Si può passare da una posizione perdente ad una vincente, da quella di sfortunato ad una di fortunato.

Ecco degli strumenti per aiutarti a vedere le cose in modo che ti arricchiscano, che ti facciano sentire bene, capace di affrontare gli imprevisti e superarli meglio.
Un aiuto a comprendere meglio le persone e a relazionarti con maggiore serenità.

Riporto un concetto fondamentale insegnato da un grande uomo del secolo scorso:

Le vostre credenze diventano i vostri pensieri (stati d'animo n.d.s.).
I vostri pensieri diventano le vostre parole.
Le vostre parole diventano azioni.
Le vostre azioni diventano abitudini.
Le vostre abitudini diventano dei valori.
I vostri valori diventano il vostro destino.
Mahatma Gandhi.

LA NATUROLOGIA EPIGENETICA

La Naturologia Epigenetica è un percorso che ci accompagna nella vita, al quale possiamo appartenere, nel quale possiamo fare esperienze con l'intento di conoscere il meglio partendo dalle leggi della natura per applicarlo con verità, semplicità ed amore alla nostra vita.

Viviamo per conoscere e fare delle esperienze, studiamo e lavoriamo per migliorare la qualità della nostra ed altrui vita.

Tutto converge nella possibilità di modificare la nostra capacità di leggere ed utilizzare i dati contenuti nel nostro codice genetico per ottenere il meglio dall'esperienza di vita.

E GLI ALTRI?

Dopo di noi, il nostro corpo, la nostra intelligenza, la sensibilità, i talenti (tutti doni ricevuti all'ingresso sul pianeta), gli altri, intesi come le altre persone, sono la più grossa ricchezza.

In passato, in alta montagna, ogni persona era il bene più prezioso, spesso dai vicini poteva dipendere la sopravvivenza, come quando si era sommersi dalla neve, lontani da ogni servizio. Lo stesso valeva per le popolazioni del deserto: l'ospitalità era sacra.

Oggi con la sovrappopolazione, gli altri iniziano ad essere temuti; ripenso alle pandemie di cavallette o di topi che prolificano a dismisura divorando tutto quello che c'è, a nulla sono servite le lotte degli uomini, più ne uccidevano, più si riproducevano fino al punto in cui mancando il cibo hanno iniziato a divorarsi tra di loro riportando la popolazione ad una soglia normale.

Tra gli esseri umani il processo è in moto in questa direzione, si depauperano le risorse terrestri e aumenta progressivamente il numero degli abitanti, per esempio dove una volta su di un'isola del lago Titicaca viveva una famiglia, ora ne vivono 100 con gravi difficoltà di sopravvivenza.

Inoltre alcuni politici mettono tutti in competizione, vogliono aumentare il numero di persone che

propongono gli stessi servizi senza regolamentazione. In questo modo sviluppano feroci concorrenze che mettono i cittadini nella condizione di sbranarsi reciprocamente; poi si divertono a spolparli di quello che riescono affannosamente e faticosamente a racimolare. Mi sembra che oggi sia stato preso per modello sociale il **circo Massimo** dove i gladiatori erano fatti combattere l'uno contro l'altro per il divertimento dei potenti: l'arena ora è stata allargata al mondo ed il circo è la società.

Oggi inoltre si assiste ad una crescita di aridità affettiva, ad una perdita dei valori umani, del rispetto reciproco: comportamenti sono alimentati sia dalla tecnologia, sia dal passaggio dalla fase visiva a quella tattile cibernetica, che dall'uso di nuove droghe sociali che favoriscono l'efficienza a scapito della sensibilità e della compassione. Si prelevano i risparmi degli anziani per salvare delle banche gestite da incapaci, alimentando debiti pubblici senza via di ritorno. Si illudono le persone che tutto va bene nascondendo gestioni fallimentari, si manipolano le comunicazioni per ottenere dei profitti. La diffidenza ormai è stata seminata e potrebbe dare dei frutti marci, rendendo la vita difficile e spiacevole.
Ci sono ancora delle persone sensibili che vogliono migliorare e fare qualcosa, e a lato molte persone stordite, confuse, massacrate, ipnotizzate che come

zombi ripetono i loro slogan, incapaci di ascoltare gli altri e di interagire correttamente con il mondo.

In un momento di profonda trasformazione di valori come questo, dove messaggi, subliminali e non, spingono le persone a temersi l'una con l'altra, è il momento più importante per cambiare le abitudini comportamentali, di **migliorare la comunicazione**, di **recuperare i valori** fondamentali per essere capaci di andare oltre la follia, oltre la violenza, oltre le perdite, oltre ogni credo, oltre ogni filosofia per **coltivare una forte alleanza tra tutti i popoli e le persone** ed essere una **trama potente di sostegno reciproco**.

Il difficile è comprendere chi sono gli altri, come relazionarci, come rinforzare le trame invisibili che ci connettono e che ci permettono di sviluppare insieme contesti di **pace, armonia, serenità ed abbondanza.**
Da ricerche sembra che il massimo numero di connessioni "strette con le persone "sia 150.
Insomma possiamo stabilire relazioni di amicizia stretta con al massimo 150 persone.
Ma ciascuna di loro lo può fare con altre 150.
Secondo lo psicologo Harvard Stanley di Miligram, con solo 6 passaggi si può teoricamente arrivare a qualsiasi altro individuo del pianeta.

Inoltre, secondo il sociologo Mark Granovetter, se consideriamo che esistono dei legami forti come quelli familiari e di amicizia e quelli deboli che sono le conoscenze, questi ultimi sono molto più importanti perché permettono di collegare universi culturali e sociali lontani, permettendo uno scambio di informazioni, idee, merci, persone. Questi legami deboli permettono di accorciare le distanze, ridurre gli intervalli ed attenuano le diversità.

Adesso complichiamo questo concetto.
I matematici Ducan Watts e Steve Strogatz, hanno constatato che in ogni rete complessa ciò che conta maggiormente è lo schema delle connessioni: la mappa delle relazioni, più che lo scopo e la funzione della rete stessa, definendolo *clustering*, la cui definizione è: *due nodi connessi ad un nodo comune sono connessi in modo biunivoco l'uno all'altro.*

IL CLUSTERING

Il Web è un'integrazione tra l'ordine e la casualità.
Qui i legami deboli attivano dei profondi cambiamenti strutturali inserendo l'interazione incontrollabile tra realtà distanti. In questo modo aumentano le informazioni che ci si scambia e la casualità definisce nuovi nodi e ponti di

comunicazione, paragonabile ai flussi dei liquidi che seguono la via di minore resistenza.

La comunicazione avviene tra due punti ma ciascun punto può avere infinite relazioni con altri, sempre in modo lineare e biunivoco.

Questo porta alla formazione di campi energetici caratterizzati da proprietà costanti anche se i valori mutano.

Il problema è che quando i legami deboli superano una certa soglia, il sistema collassa creando delle conseguenze anche nei legami forti, quelli familiari, delle amicizie, delle gerarchie ecc.

In questo movimento di flussi si formano degli "Hub" accentratori di legami deboli, con maggiore capacità di far fluire le informazioni.

Più questi sistemi si sviluppano più diventano capaci di catturare delle nuove connessioni.

Se gli Hub sono patogeni creeranno delle modalità perverse di sviluppo e di comunicazione, se gli hub sono etici permetteranno uno sviluppo elevato delle relazioni.

Ed ecco che con il rapporto di amicizia espanso in rete, possiamo essere amici indirettamente con tutti, possiamo creare una rete che coinvolge tutto il pianeta.

A quel punto la cosa importante è selezionare le qualità, i contesti, le strategie migliori per tutti e

semplicemente coltivarle come si fa con un piccolo seme che produrrà una pianta gigantesca.

Lo sviluppo della naturologia passa attraverso la cultura in tutte le sue forme.
Tradizioni, esperienze e scienza interagiscono per affinare, con la giusta umiltà, la conoscenza nostra e della creazione per selezionare il meglio possibile per tutti.
La Naturologia Epigenetica è "**Verità, semplicità ed amore**" applicati alla salute, alla prevenzione, alla comprensione e al sostegno reciproco, all'abbondanza, alla serenità, alla pace, alla felicità.

La Naturologia Epigenetica studia e propone come utilizzare al meglio le potenzialità del nostro codice genetico e recuperare il concetto di paradiso Terrestre qui ed ora.

Grazie all'espansione delle conoscenze e del Web molti vogliono insegnare, spiegare agli altri, spesso rifiutano di ascoltare, sono scettici, e vogliono essere sicuri al 100% di quello che si dice.
Maggiore rigore e maggiore presunzione, maggior orgoglio.
Quindi un ulteriore ostacolo alla comunicazione efficace.

Restano comunque i valori fondamentali che sono: chi siamo, quello che proviamo, il fatto che siamo unici ed irripetibili e che tutti facciamo parte di un progetto dove **siamo tutti interconnessi**.

Ogni persona che incontri per la strada, sul treno, allo stadio, può essere il legame debole che apre le porte all'infinito.

Questo è un valore fondamentale che va oltre qualsiasi conoscenza, noi siamo unici e la nostra unicità può essere un bene prezioso da coltivare e fare fruttare nella condivisione.

PARTE PRIMA

*Abbiamo sempre bisogno
di qualcuno che ha bisogno di noi.*
Romain Gary, *L'angoscia del re Salomone, 1979*

SIAMO TUTTI ROTTI

Questa è la conclusione alla quale sono giunto dopo 40 anni di osservazioni delle persone e di me stesso. La frase che mi piace dire per stimolare le persone è:

"Sulla Terra arrivano solo le persone rotte; i sani li hanno mandati tutti sugli altri pianeti! Non chiederti mai se uno è rotto, chiediti solo dove è rotto! Quando lo hai capito ricordati che non ci sono i pezzi di ricambio, a quel punto potrai vivere sereno la tua vita".

Normalmente mi guardano, dicono che sono stupidaggini, poi portano gli occhi in alto, scuotono la testa e poi dopo un sospiro, mi guardano e dicono "in effetti è proprio così, se ripenso a...".

Nella mia vita non ho mai visto nessuno cambiare; se uno aveva delle capacità e talenti può averli sviluppati e migliorati, ma dove era una frana, dove era negato è praticamente rimasto uguale, nonostante centinaia di corsi, meditazioni ecc.

La siuntesi è questa: cerca la parte migliore di te stesso e degli altri e coltivala. Se vedi che uno è negato a fare qualcosa, evita di chiedergli di farla!

Lo stesso vale per te, coltiva i tuoi aspetti migliori e qualità. Sii amorevole e rispettoso con le tue incapacità in modo che lo siano anche gli altri con te.

Se sei qui è perché comunque sei prezioso, sei importante, hai qualche talento o dono speciale che solo tu possiedi. Riconoscilo e coltivalo in modo da accrescere l'armonia in te ed attorno a te.

IL VUOTO

La Terra come un unico organismo.
Il vuoto come banca dati e forma di vita interdimensionale. La forma è vuoto ed il vuoto è in realtà forma.

Nella visione della Naturologia, tutto appartiene al tutto, dal più immenso al più piccolo, tutto si ripete con forme analogiche.
Ritroviamo delle leggi negli universi che in qualche modo sembrano esprimere le leggi del microcosmo e viceversa.
Questo significa che ogni azione rivolta al più piccolo degli esseri delle forme esistenti può avere delle ripercussioni insospettabili su tutto e tutti.

Quindi questo significa che noi siamo responsabili di ogni nostra azione e pensiero perché può avere delle ripercussioni inimmaginabili anche a distanza di anni, come un domino.
Uno attiva una piccola pedina e questa ne mette in moto migliaia, miliardi fino a ritornare dietro la nostra schiena e colpirci quando non ce lo aspettiamo più.

Orbene, la Terra anche se viene descritta come una palla che ruota nel cosmo è in realtà una sorgente di vita, lei stessa probabilmente è viva, probabilmente

prova delle sensazioni, dei sentimenti, si irrita, prova piacere.

Le sue sensazioni saranno diverse dalle nostre o forse simili, non possiamo saperlo, però se le provasse e manchiamo di rispetto nei suoi confronti, sicuramente ne soffrirebbe e reagirebbe.

Come la Terra, ogni elemento presente, ogni forma di vita dalla più elementare alle più evolute prova delle sensazioni, in qualche modo prova del risentimento quando non si sente trattata come vorrebbe.

Prova a trattare male un elefante, o un orso bianco, difficilmente lo potrai raccontare dopo.

Con la loro prestanza fisica manifestano il loro disappunto in modo consistente, gli altri animali lo faranno a modo loro, così pure gli insetti, le cellule e perfino gli elementi!

Perfino l'acqua! Infatti hanno dimostrato che quando emaniamo sentimenti di gratitudine, rispetto, amore, l'acqua cristallizza con forme armoniche, gradevoli, mentre quando si emanano forme pensiero o sentimenti sgradevoli di odio, rabbia, invidia, gelosia, ingratitudine, l'acqua cristallizza con forme orribili, contorte, sgradevoli.

Tutto quanto contiene acqua, risuona con le vibrazioni interiori, con i nostri stati d'animo.

Quindi comprendiamo che ogni essere della Terra è un amplificatore del nostro stato interiore e di quello che emaniamo con i nostri pensieri.

Noi siamo dei seminatori di odio o di amore, di felicità o d'infelicità, di disperazione o di salvezza, di noia o di meraviglia, di sarcasmo o di stupore!

Noi ogni attimo siamo dei seminatori di stati d'animo che si rifletteranno su quello che proviamo e che provano gli altri.

Al tempo stesso noi siamo il terreno nel quale gli altri mettono i semi del loro stato d'animo!

Però come noi possiamo scegliere cosa emanare, cosa seminare, possiamo anche scegliere se lasciare attecchire i semi degli altri o lasciarli in una zona arida, trasformarli, dissolverli, benedirli e cambiare radicalmente la loro emanazione.

Sapendo che sono energia, possiamo prendere questa energia e trovare immediatamente l'antidoto, la polarità opposta ed amplificarla trasformando il nostro terreno fertile in un meraviglioso giardino di serenità, benessere ed armonia.

Farlo può essere faticoso all'inizio perché si deve andare contro l'inerzia, contro corrente.

Come per tutte le cose serve un apprendimento, una fase di rodaggio fino a quando diventa spontaneo, automatico.

Nella fase di immaturità/adolescenza siamo un terreno fertile che accoglie tutto e non è in grado di discernere e trasformare.

Con la maturità si acquisisce la capacità di riconoscere cosa crea disagio e con la forza interiore e la determinazione è possibile contrastare l'inerzia che ci vorrebbe portare ad essere degli amplificatori di quello stimolo, di quel pensiero, di quell'emozione negativa. Possiamo porci su di **un altro punto di osservazione**, forse più in alto, lontano, dietro la persona che emana malessere. Ogni persona ha il suo luogo privilegiato e da quel punto trasformare quella percezione in uno stimolo di creatività per creare armonia e pace.

Se una persona trasmette rabbia e gelosia, possiamo emanare amore incondizionato ed accoglienza, oppure emozioni di tranquillità e sicurezza.

Se siamo invasi dalla paura possiamo trasformarla in attenzione controllando il respiro e rendendolo lento e profondo. Possiamo collegarci a principi superiori sapendo che ci guidano secondo un percorso speciale di predestinazione.

Oggi le situazioni drammatiche aumentano ogni giorno, leggiamo cose spaventose sui giornali, oltre la fantasia, oltre la dignità, oltre la decenza, oltre...
Se ci lasciamo fecondare da questi orrori metteremo il seme dentro di noi ed emaneremo la stessa energia da un altro punto di vista, ma è sempre la stessa energia di follia, di odio, di vendetta.

Quello da fare è fermarsi, osservare, e dire:
Lui ha agito così, chi di competenza provvederà (se io sono la persona competente, agisco io ovviamente).
Dove posso intervenire per portare serenità, pace, armonia?
Su di un piano Fisico? Mentale? Emotivo? Spirituale?
Ed una volta capito se possediamo il discernimento, la conoscenza, la capacità, gli strumenti, agire come diceva il mio maestro Dr. Bassi "Tutto subito, il meglio che si può!".

In questo modo è come prendere una frittata e girarla, riusciamo a vedere l'altro lato del problema.

Questo vale per ogni forma vivente, per gli animali, per il luogo di lavoro, la scuola, l'università, l'abitazione, il mezzo di trasporto.

Ogni cosa esistente ha una sua memoria!

Tutti abbiamo provato del disagio in certi luoghi ed una sensazione di benessere in altri!
Questo è dovuto alla memoria presente negli atomi dei luoghi o meglio nelle particelle invisibili della materia o ancora meglio nel vuoto della realtà!

Il vuoto è un contenitore immenso di dati, di memorie!
Quando pensiamo di essere soli, siamo in compagnia del vuoto ed ogni nostro pensiero, ogni desiderio, ogni stato d'animo viene memorizzato in questo vuoto.

Ma questo vuoto è senza confini, senza limiti, comunica con dimensioni parallele, 11 secondo i fisici, miliardi per altri!

Ogni nostro stato d'animo, ogni pensiero, mette dei dati nella memoria del vuoto e questa attiva dei processi in qualsiasi universo!
Ricordo le parole del saggio cinese Chang Tsai: *"Quando si conosce che il grande vuoto è pieno di Qi (energia), si comprende che non esistono cose quali il non-essere"*[1].

___

[1] Il Tao della fisica. Fritjof Capra. Adelphi pag. 258

Ed in questo **vuoto**, espressione di Brahman, secondo le Upanisad (testo induista) c'è una convergenza di **Ka felicità e Kha spazio etereo**: lo spazio etereo della felicità.

Nel buddismo troviamo il Sūnyata o vuoto sorgente della realtà ultima: **il vuoto è vivo e dà origine a tutte le forme del mondo** sensoriale e fenomenico.

Ed in Cina il Taoismo identifica nel vuoto l'origine della creatività, immensa ed incessante, un vaso vuoto che può contenere l'infinito.

Nel vuoto c'è la potenzialità infinita di creare!

E nella fisica subatomica troviamo il concetto di quanto, di campo che è espressione dinamica di un nulla che si manifesta attraverso delle potenzialità.

D-o è luce, Einstein ha dimostrato con le sue formule che non si può andare più veloce della luce, quindi D-o in quanto luce è relegato a questo mondo fenomenico; ma quando andiamo oltre la velocità della luce che accade? Quali caratteristiche si attivano? Quali livelli di consapevolezza emergono? Quali potenzialità creative scaturiscono? Forse ci attendono nuove regole, nuove possibilità, nuovi ambiti di comunicazione e relazione, nuove matematiche e fisiche, nuove leggi delle particelle, tutto da scoprire. E se queste potenzialità fossero già presenti in noi, come le potremmo usare? Per esempio col pensiero siamo più veloci della luce, istantaneamente possiamo essere a Pantelleria o su

Plutone o dieci universi più lontano, sicuramente è la velocità della fantasia, ma la capacità teorica di spostamento è istantanea.

Lo stesso vale per le relazioni, istantaneamente possiamo scegliere su quale pianeta emotivo andare, se su quello della rabbia, dell'amore, del rifiuto, della condivisione ecc.

La velocità fisica si trasforma in velocità di pensiero, e quindi di scelta del comportamento idoneo. Si attraversano delle dimensioni per accedere a velocità differenti, e noi siamo responsabili di dove andiamo e soprattutto di cosa scegliamo di pensare.

Immagino che esistano dei controllori che supervisionano i nostri pensieri e le nostre azioni; quando sono pericolose per il sistema intervengono con i loro strumenti: catastrofi, disintegrazioni di pianeti, malattie, qualsiasi cosa che possa fermare dei vortici di pensieri che non si riescono più a controllare e che seminano disarmonia negli universi, come le onde di un sasso lanciato sull'acqua che forma cerchi concentrici mentre saltella fino ad inabissarsi...

Quindi anche se i libri, i fumetti, la televisione, cercano di amplificare delle emozioni nocive e dei pensieri torbidi, noi abbiamo la possibilità di riconoscerli e dire "adesso non mi interessi" e lasciarli andare via per portare l'attenzione su qualcosa di

armonico, come una nuvola, dei fiori, dei profumi e se si vive in uno squallido scantinato nulla vieta di immaginarli, di creare delle forme simpatiche e giocarci insieme come fanno spesso i bambini soli a cui appaiono folletti e gnomi amorevoli.

La sdolcinatura è un'altra cosa, qui parliamo di **condurre il nostro pensiero** come si porterebbe un cavallo, tenendolo per le briglie e portandolo dove vogliamo noi, altrimenti lui ci porterà senza scrupoli e senza chiedercelo dove vuole lui, e sarà come rincorrere tra gli universi e le galassie il bandolo della matassa per poterlo districare utilizzare correttamente.

Quanti tipi e livelli di comunicazione possiamo utilizzare per comprenderci?

PARTE SECONDA

Quando sono gli altri a venire da noi,
non li conosciamo;
siamo noi che dobbiamo andare da loro
per imparare chi siano.
Johann Wolfgang Goethe, *Le affinità elettive, 1809*

I VARI LIVELLI DI ESISTENZA

Noi viviamo su vari livelli di esistenza contemporaneamente.

Quello fisico, dove sperimentiamo con il corpo ogni attimo le possibilità di essere incarnati sulla Terra. Qui sperimentiamo gli effetti delle nostre azioni e di quelle degli altri.

Poi viviamo su **un livello emotivo,** dove sperimentiamo quello che ci dà gioia e quello che ci rattrista, quello che ci porta nella disperazione e quello che ci porta nella felicità.

Segue **un livello animico,** nel quale vivono le nostre aspirazioni più elevate.

Poi **un livello mentale,** dove conosciamo gli strumenti e le capacità per potere svolgere delle azioni o fare delle indagini su concetti.

Infine **quello spirituale,** nel quale ci confrontiamo con una sensazione speciale, nella quale siamo parti del tutto ed il tutto è in noi.

In tale visione ci si rende conto di essere una parte di un organismo invisibile, illimitato, eterno e della responsabilità continua che abbiamo nei suoi confronti, di agire nel modo migliore per il suo bene che a sua volta si riflette in noi.

Meglio agiamo e meglio staremo. Questa consapevolezza appartiene ai primi momenti di vita e

riappare intensa qualche volta dopo il coma o dopo momenti molto speciali.

Qualche volta emerge il **ricordo lontano di qualcosa di speciale che ci coinvolge** al di fuori di tutto quello che dicono e fanno gli altri. Capiamo subito quando quello che dicono o fanno gli altri è pericoloso, è contrario a regole interiori, o forse esteriori, a regole antiche.

Quando trasgrediamo è come se si aprissero delle lacerazioni nella nostra persona e spesso da quel momento si perde la dignità di noi stessi, del corpo, e si è più propensi ad infrangere quella luce di purezza che accompagnava la nostra venuta sulla Terra.

Questo è chiaramente un errore. Dobbiamo rispettare il nostro sbaglio o fallimento e ricucire la nostra luce, perdonarci e rispettare le nostre scelte sbagliate, come una esperienza, per ritornare il più presto possibile nel cammino che ci illumina, ci sazia, ci rende fieri di noi e felici, in armonia con il tutto.

Il rispetto reciproco e verso se stessi è una delle forme più elevate di spiritualità nel momento in cui lo si relaziona all'essere infinito di cui facciamo parte.

La comunicazione istintiva, emotiva, gestuale, posturale, può aiutarci a comunicare meglio e comprenderci meglio?

PARTE TERZA

Se non avessimo difetti, non proveremmo tanto piacere a notare quelli degli altri.
François de La Rochefoucauld, *Massime, 1678*

INTERAZIONI SENSORIALI ED EXTRASENSORIALI

Conscio ed inconscio.

Ogni persona afferma di conoscere quello che ha vissuto e sperimentato.
Il punto è che la realtà è ricolma di cose che non conosciamo misteriosamente invisibili.
Il vento muove le onde del mare e non lo si vede, le onde radio fanno parlare i cellulari e non si vedono, le radiazioni del sole agiscono sulle cellule e non si vedono, le emozioni ti fanno stare bene o male e non si vedono, i pensieri non si vedono eppure ti fanno credere di esistere...

Tutto quanto appare è mosso da cose invisibili!

Perfino ora che leggi, la tua vista è resa possibile perché degli elettroni invisibili si muovono tra cellule invisibili del tuo corpo!

Allora come facciamo a pensare che solo noi siamo l'unica realtà?
Sicuramente possono esistere altre realtà, altre forme di vita che interagiscono con noi.
Sicuramente esistono altri universi che sono in risonanza con il nostro, sicuramente esistono altre

forme di vita che non vediamo e che interagiscono con noi.

Molte persone vedono delle forme diafane che si muovono tra noi, altre le percepiscono, altri non vedendole le negano.

Il punto è che siamo tutti connessi allo stesso modo in cui lo sono i telefonini.

Qualche volta è sufficiente guardarsi negli occhi per attivare la connessione, altre volte è sufficiente sfiorarsi ed i campi di informazione tra le persone entrano in risonanza, qualcosa passa, spesso passano le informazioni di blocco o di intensità emotiva.

Si incontra una persona con la nausea e dopo poco la si prova, altre volte si prova lo stesso dolore di chi ha mal di schiena, altre si prova la stessa tristezza o allegria di un bambino.

Le mamme avvertono cosa prova il figlio e soprattutto le nonne con i nipoti.

Altre volte possiamo avvertire lo stato d'animo o la sofferenza di un animale o di una pianta, altre volte ancora di cellule, di minerali, di pianeti o universi lontani.

Tutto è connesso e probabilmente tutto è connesso anche come informazione e sensazione.

Questo significa che se proviamo paura a parlare in pubblico, può essere che avvertiamo il timore di chi ci ascolta ed in quel caso lo dobbiamo tranquillizzare.

Se sentiamo la rabbia verso qualcuno, forse è lui che la prova e lo dobbiamo rasserenare, se avvertiamo paura verso qualcuno forse avvertiamo la sua paura e lo dobbiamo rassicurare.

Inoltre lo stato d'animo può anche dipendere da presenze sconosciute che si aggirano o che hanno lasciato delle tracce, delle memorie emotive nella persona che incontriamo.

In questo caso *pensando di emanare la sensazione complementare positiva* diretta a chi non siamo in grado di percepire, ma che potrebbe esserci, qualcosa cambia, qualcosa si trasforma, si forma un contesto di maggiore serenità.

Pensando meglio si acquista forza, fiducia, sicurezza!

Trovo che sia un ottimo modello di credenza.
Come può essere meglio di così?

PARTE QUARTA

Gli uomini non sono i miei simili,
sono coloro che mi osservano e mi giudicano;
i miei simili sono quelli che mi amano
e non mi osservano.
André Malraux, *La condizione umana, 1933*

GLI ALTRI

Gli altri sono una emanazione di noi stessi.
Troviamo in loro le parti che amiamo e quelle che odiamo, le parti luminose e le parti ombra.

Ogni persona che attraiamo a noi significa qualcosa da capire.
Come i poli opposti delle calamite si attraggono, così noi attraiamo le persone.
Troveremo delle persone con polarità opposta o affini.
In entrambi i casi ci mostrano come siamo.

Spesso noi desideriamo con la mente quello che detestiamo con l'inconscio e viceversa.
In noi vivono più persone, più presenze, più personalità.
Un esempio sono i genitori, loro sono due ed il loro codice genetico è in noi, loro sono sempre in noi con i loro conflitti, le loro incomprensioni i loro desideri opposti.

Qualche volta esprimiamo la sintesi delle informazioni del padre e altre le sintesi di quelle della madre e qualche altra volta di entrambi.

Ogni informazione genera una polarità, una frequenza che attrae dal mondo delle persone, dei fatti, degli avvenimenti.

Noi siamo i veri direttori d'orchestra di quanto ci accade, compresi gli imprevisti.

Molte volte non siamo assolutamente coscienti e consapevoli di avere certe caratteristiche in noi, potremmo spergiurare di essere diversi, **ma se ci attraggono certe situazioni e persone, significa che le attiriamo e queste riflettono una parte di noi**, e ci offrono l'opportunità di riconoscerla e trasformarla.

Dobbiamo ricordare che il nostro codice genetico è il risultato delle esperienze di migliaia di vite. Il DNA racchiude le informazioni che arrivano fin dalla creazione della razza umana e forse ancora oltre.

Di queste informazioni solo alcune in certi momenti della vita si esprimono dandoci un carattere, dei gusti, delle apparenze specifiche.

Poi in un altro momento se ne attivano altre e quelle precedenti si silenziano ed ecco che "fino a ieri amavo il salame e da oggi non lo sopporto più ma voglio la mortadella o le pere".

Secondo me, ci rendiamo conto che noi ci identifichiamo con quello che una casualità, in quel momento esprime: una delle infinite nostre potenzialità.

In realtà nella visione quantica e metafisica noi siamo esseri infiniti, con potenzialità infinite e con personalità infinite, possiamo cambiare in ogni attimo radicalmente (almeno in teoria).

Questo dato è importante perché ci insegna a non cristallizzarci in quello che pensiamo di essere o che pensiamo che siano gli altri, ma ci struttura e rende forti ed eretti nel mondo pronti a cambiare. Tutti appaiono come li vediamo, ma questa è solo un'apparenza momentanea, potrebbero trasformarsi ed assumere personalità diverse in qualsiasi momento indipendentemente dalla nostra o loro volontà. Come cambiano noi, cambiano anche gli altri!

Questo lo dico anche per chi vorrebbe cambiare la persona con cui vive. È impossibile! Sarà solo il suo codice genetico a cambiarla in funzione della sua esperienza, dell'ambiente e di qualche evento imprevedibile.

L'unica cosa da fare è amare incondizionatamente gli altri come se fossero dei preziosi doni che la Creazione ci mette a fianco per condividere il suo progetto (anche se per noi non noto)...

Un ulteriore esempio può essere quello di avere un gioiello prezioso, che è la nostra parte migliore.

Se gli altri, gòli mprevisti, lo sommergono tra decine di rifiuti, vedremo i rifiuti e poiché tendiamo ad identificarci con quello che appare per primo, ci dimentichiamo che **la nostra natura è il gioiello**.

Qui ed ora abbiamo la possibilità di ripulirci dalle invasioni e dalle sporcizie e zavorre accumulate durante la vita nostra e dei nostri avi.

Ogni volta che emerge un pensiero chiediti:
Chi me lo ha trasmesso?

Se scopri che non è tuo, restituiscilo mentalmente con la consapevolezza a chi te lo ha trasmesso.

Scoprirai che in breve tempo sarai diverso, più leggero e centrato.

Adesso ti riassumo qualche regola per comprendere meglio gli altri.

Come avrai notato ci esprimiamo con le parole ma anche con i gesti.

I movimenti degli occhi, delle mani, le smorfie, le posizioni delle braccia o del corpo esprimono dei segnali di disagio o di confort.

Conoscerli può aiutarti a relazionarti meglio con gli altri, puoi calibrare le tue parole, modificare quello che dici se ti accorgi che irrita la persona che hai davanti o arricchire il tuo discorso se produce benessere in chi hai davanti.

In genere si devono avere almeno tre movimenti corporei "involontari" per dedurre il uno stato d'animo.

Dividiamoli per categorie

Disagio/ tensione:
Pruriti o grattamenti sul volto e tronco.
Fugge con lo sguardo.
Abbassa la voce.
Contrazione dei muscoli del volto.
Deglutizione della saliva.
Mascelle rigide.
Modificazioni continue della postura.
Dondolii.
Accavallamenti continui delle gambe.

Rifiuto:
Ci si allontana o si allontanano gli oggetti.
Si sposta il torace ed il capo indietro.
Spolverarsi
Accavallare le gambe e mettere le braccia conserte.

Gradimento:
Avvicinarsi o avvicinare oggetti.
Chinarsi in avanti.
Allargare gambe e braccia.
Toccare le labbra.

Portare le labbra in avanti come per baciare.

Estrarre poco la lingua.

Leccare le labbra.

Mordicchiare le labbra.

Mettersi un dito nell'orecchio.

PARTE QUINTA

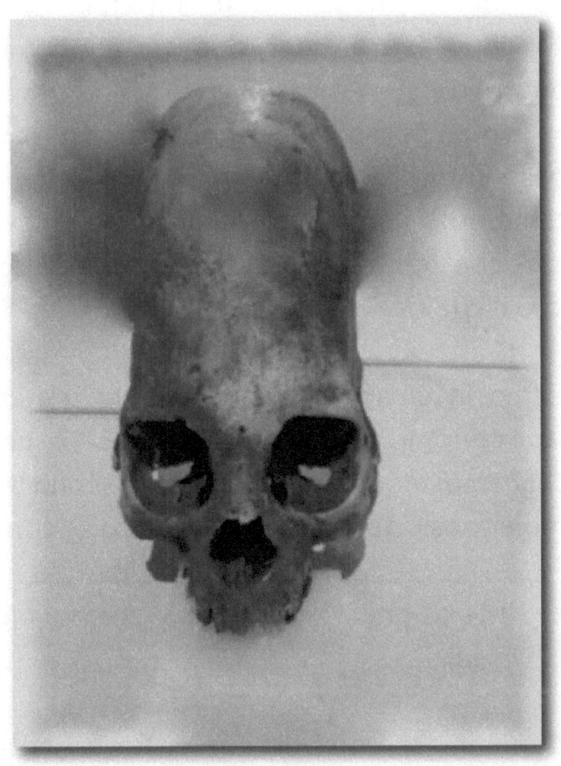

Gli altri siamo noi.
Bruno Munari, *Verbale scritto, 1992*

COSA CERCANO LE PERSONE
Le persone come espressioni della creazione.

Un'aspetto della chimica che mi ha sempre affascinato sono le reazioni chimiche e come si comportano i singoli elementi.
Troviamo composti anfoteri che possono essere acido o base come l'ammoniaca, troviamo elementi che difficilmente si legano con altri come l'oro o il platino, altri che non riescono a stare da soli come l'idrogeno o il sodio.

Se scendiamo in un'analisi quantistica, le particelle non interagiscono, in quanto non esistono particelle ma solo dei campi e questi campi interagiscono tra di loro scambiandosi dei campi più piccoli, come i fotoni.
Tutte le interazioni avvengono scambiandosi particelle "virtuali".

Gli esseri umani si comportano analogamente e ciascuno di noi sembra esprimere un elemento della tavola di Mendeleieff.

Ma se andiamo ad osservare le cellule del corpo umano scopriamo che anche loro hanno dei comportamenti speciali.

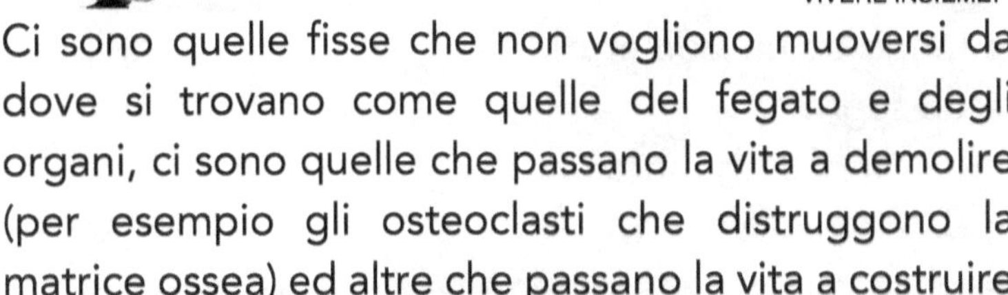

Ci sono quelle fisse che non vogliono muoversi da dove si trovano come quelle del fegato e degli organi, ci sono quelle che passano la vita a demolire (per esempio gli osteoclasti che distruggono la matrice ossea) ed altre che passano la vita a costruire (gli ostoblasti che formano le ossa).

Ci sono i mitocondri che danno energia, lavorano per le cellule rendendole vitali, ma quando queste non si comportano come dovrebbero, degenerano, si fanno esplodere e così distruggono le cellule che li ospitano.

Troviamo cellule che amano spostarsi e sono sempre in giro per il sangue come i globuli rossi, portano ossigeno e ritirano anidride carbonica per buttarla fuori dai polmoni.

Troviamo cellule che amano combattere e sono sempre in movimento, si danno ordini, si selezionano, sparano a tutti quelli che non sono in regola specie quelli che "non hanno il permesso di soggiorno", mentre lasciano stare quelli con cui sono venute in contatto nella prima infanzia e che riconoscono come amiche.

Altre sono degli operai specializzati e sanno selezionare il cibo migliore dall'intestino.

Altre ancora sono dei buttafuori, altre sanno fare da barriera e protezione.

Altre fanno da coordinatori.

Altre da segretarie.

Altre da direttori generali.

Altre da amministratori.

Altre obbediscono ciecamente agli ordini superiori senza discutere, come le cellule muscolari.

Altre sono finemente specializzate come quelle della retina per la percezione di colori e stimoli luminosi, o quelle del tatto, o quelle del gusto, non vogliono comunicare con altri, che non siano i neuroni direttamente interessati.

Troviamo cellule che vogliono sapere tutto di tutti ed altre che rifiutano qualsiasi rompiscatole.

Poi ci sono cellule insofferenti al sistema che cercano la loro autonomia e vogliono affermarsi come individualità, queste diventano nell'organismo delle cellule tumorali che depauperano, paralizzeranno l'organismo e lo porteranno alla morte.

Ricordo che non sto parlando della razza umana, ma delle cellule del corpo!

È incredibile come noi esseri umani riproduciamo i loro comportamenti!

Saliamo ora di un gradino ed arriviamo alle piante.

Ogni pianta vuole il suo terreno, il suo posto all'umido o al secco, all'ombra o a sole.

Le piante più forti crescono e le muffe si appiccicano cercando di riscuotere la loro linfa, fino a farle morire.

In un terreno ci sarà una lotta per competere sul territorio, le piante più invasive infesteranno e toglieranno lo spazio vitale alle più delicate.

Poi ci sono piante che amano stare sole ed altre che vogliono la compagnia, ma solo di quelle che vogliono loro.

Anche qui non parlo delle persone, parlo delle piante, però quante analogie con gli umani...

Saliamo ancora?

Siamo al mondo animale.

Topi, corvi, prepotenze continue sugli altri esseri per sopravvivere.

Leoni contro gazzelle, lotte tra specie differenti, lotte che nei secoli portano all'estinzione dei più deboli...

Andiamo oltre, i pianeti, gli asteroidi, le galassie, universi in continuo movimento, stelle che nascono e stelle che muoiono, quando una ha calibrato la sua energia, in un pianeta vicino può nascere la vita, ma negli altri le condizioni saranno improponibili.

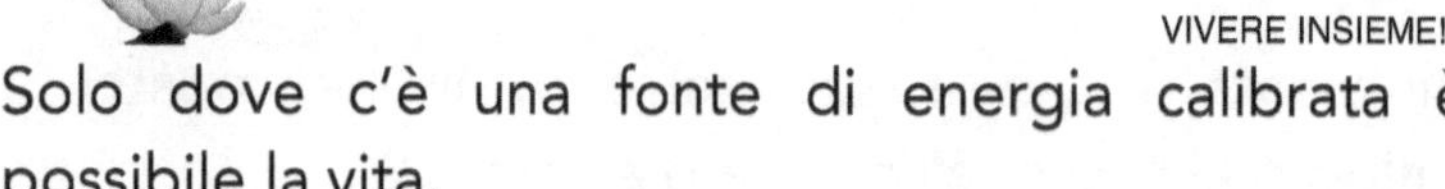

Solo dove c'è una fonte di energia calibrata è possibile la vita.

E noi in tutto questo?

Noi *sembriamo essere il riflesso di tutte le forme esistenti nella creazione.*

Molte volte osservo le persone: ci sono le ragazze con le gambe lunghe che sembrano fenicotteri con il naso adunco, uomini che sembrano elefanti, imponenti con una memoria ferrea, altri curiosi e giocosi come i lemuri, quelli isterici come le scimmiette, poi ci sono quelli immobili e pronti ad aggredire come i coccodrilli, quelli fedeli come i cani, quelli autonomi come i gatti, quelli privi di scrupoli con lo sguardo perso apparentemente nel vuoto come i pescecani, quelli indaffarati come i castori, quelli affettuosi come gli uccellini inseparabili, quelli devoti come i cavalli ecc.

Ogni persona ricorda un animale e spesso ha modi analoghi di comportarsi.

Usando le attenzioni che uno avrebbe verso quell'animale, spesso la persona diventa più "docile", "mansueta", ha la sensazione di sentirsi rispettata nella sua indole.

Altre persone sono incapaci di stare sole e si legano subito, come gli elementi, chiedono attenzioni continue per essere fedeli, altre stabiliscono dei legami forti e nessuno riesce a smuoverle dalle loro scelte, altre sono autonome e non sopportano nessun legame.

Inoltre se pensiamo alle cellule staminali, cioè quelle che non si sono ancora differenziate nei vari tipi di cellule, comprendiamo che ponendole in una cultura di cellule del fegato diventano cellule epatiche, in una cultura di cellule muscolari diventano cellule muscolari, in una cultura di cellule retiniche diventano cellule retiniche, ecc.

Cioè, a seconda di dove vengono poste, comprendono dove si trovano e selezionano tra le infinite possibilità contenute nel loro DNA quella che le rende simili alle altre!

Nel loro DNA sono scritte tutte le possibilità, tutti i modi per esprimersi, tutti i modi per diventare parte integrante di una collettività e scelgono in funzione di appropriati segnali emessi dalle altre cellule come esprimersi, come evolvere, come svilupparsi, come crescere, come agire e come apparire!

Ritroviamo lo stesso fenomeno tra di noi.

Ci sarà un'indole di base, ma in funzione del contesto, dell'educazione, delle modalità di educazione, di

convivenza, in funzione dei segnali che riceviamo dall'ambiente cresceremo in un modo piuttosto che in un altro! Saremo magri, grassi, allegri o tristi, vitali o sfiniti!

Useremo un linguaggio al posto di un'altro, dei talenti al posto di altri o addirittura riusciremo a soffocarli ed inibirli.

Dei NO! detti nel periodo di formazione mentre il bambino cerca di esprimere il meglio di se stesso, o di dimostrare il suo talento, lo possono inibire per tutta la vita, trasformare un campione in un fallito!

Allo stesso modo dei NO! non detti possono trasformare un santo in un potenziale delinquente, impedendogli di assimilare dei programmi di rispetto reciproco e di convivenza sociale.

Lo stesso principio vale anche per le cellule adulte! Anche loro possono modularsi in funzione di dove vengono messe! Lo stesso vale per le persone adulte!

Quindi se vogliamo avere dei guerrieri, prendiamo un bambino e diamogli delle armi fin da bambino, se vogliamo avere dei contadini diamogli una zappa, se vogliamo avere un operaio diamogli il meccano, se vogliamo uno scienziato diamogli il piccolo chimico ecc.

Ora con internet avremo una generazione di paracibernetici olistici e probabilmente tra breve

avremo delle simbiosi macchina-umano, la razza si trasforma.

Da un lato l'apprendimento può essere agevolato e dall'altro si possono cavalcare universi inimmaginabili di espressione umana, dalle più spaventose deviazioni alle più elevate tendenze.

Gli altri hanno tre potenzialità ulteriori:
O ci condizionano o sono condizionati da noi o sono indifferenti.

Questo significa che noi abbiamo la responsabilità di tutto quello che pensiamo e facciamo perché, anche se in piccola parte, condiziona gli altri.
Gli altri hanno la stessa responsabilità verso di noi perché ci condizionano.

All'interno di un gruppo autonomo si formano spontaneamente delle gerarchie che calibrano la convivenza.

In una società multifattoriale, multietnica, multiespressiva e multipotenziale le cose si complicano perché i gruppi sono posti all'interno di un contenitore generato da flussi.
Questi flussi sono alimentati dai valori contemporanei:
economia, potere, sesso, cultura, informazione ecc.

Poi devono essere calibrati per le persone in modo da rendere la convivenza e la sopravvivenza possibile e qui iniziano i problemi. Quando l'informazione è mediatica e virtuale, è scollegata dalla realtà contestuale.

Si limita a trasmettere e diffondere quello che una persona in specifico punto in un dato momento ha manifestato.

Magari trasmette la rabbia di una persona dello Zambia di 15 anni fa.

Ma nei media il tempo non esiste e pure per il nostro cervello. Nel momento in cui si focalizza l'informazione, il cervello si attiva per quel contesto sociale, si esce di casa e ci si ritrova ad essere sgarbati con gli altri senza apparente motivo.

Lo stesso vale per qualsiasi stato d'animo, idea, obiettivo.

Questi strumenti sono stati utilizzati in passato come propaganda politica per convincere le persone che un dato regime era il migliore e tutto andava bene, mentre in realtà si moriva di fame.

Poiché noi prendiamo per vero solo quello che i 5 sensi percepiscono, soprattutto vicino a noi, i media arrivavano a farci credere di essere vincenti mentre si stava perdendo, ad essere ricchi mentre si era nella miseria più nera.

Dal nostro punto di percezione è molto difficile comprendere cosa accade realmente, riconoscere la verità presente oltre quello che vediamo, ascoltiamo, tocchiamo!
Possiamo supporla, immaginarla ma è praticamente impossibile averne una certezza.

Cosa fare?
Innanzitutto saperlo ed essere più cauti nel formulare giudizi, nel prendere posizioni, nello sposare un'ideale, un credo e sapere che tutto può essere diverso da come lo percepiamo, da come pensiamo che sia. Soprattutto le persone possono essere diverse da come appaiono.

A quel punto, secondo me, visto che abbiamo la capacità creativa, possiamo scegliere in cosa credere, scegliere che visioni avere della realtà e scegliere che siano le migliori possibili, quelle che possono far stare bene tutti oltre che noi stessi, sapendo che ogni persona ha comunque gusti diversi, esigenze diverse ed aspettative diverse e ci trasforma continuamente.

Un modo può essere quello di chiedere agli altri cosa gli fa piacere, cosa li fa stare bene, cosa desiderano, cosa si può fare per loro, ed in tal modo si stabiliscono delle connessioni di rispetto reciproco.
Si deve evitare di aspettare che lo facciano gli altri!

Noi per primi dobbiamo farlo, noi siamo le sorgenti di un comportamento!

Gli altri poco per volta per quel principio di emulazione cellulare apprenderanno queste modalità e se non in questa nella generazione futura potranno diventare esperienza acquisita e fare parte della società.

Noi copiamo il contesto e ci adattiamo!

Però abbiamo la possibilità di visualizzare, di immaginare un contesto, di crearlo nella nostra immaginazione come vorremmo trovarlo e viverlo.

Se saremo particolarmente focalizzati, precisi, particolareggiati nel viverlo, il nostro inconscio potrà associarlo alla realtà e comportarsi di conseguenza.

Potremo plasmarci sulla visione interiore che ci costruiamo giorno dopo giorno della realtà, mediata ovviamente e calibrata dalla realtà contestuale, da quello che ci accade, da come viviamo e reagiamo agli stimoli ed alle esperienze.

Se per esempio anziché osservare l'aspetto esteriore di una persona che magari troviamo ripugnante, ci proiettiamo oltre e andiamo con l'immaginazione a parlare con la sua anima che possiamo visualizzare come una nuvola colorata affabile, sofferente, affettuosa, ecc., potremo scoprire che si trasforma e

diventa gradevole, potremo accedere a contesti straordinari di benessere.

Ancora qualche ultima ricerca sul cervello.

Chi ha molti amici nelle reti Web potenzia alcune aree del cervello <u>che non si sviluppano in chi ha soltanto delle amicizie reali</u>.

Per i curiosi sono le aree posteriore del <u>solco temporale destro</u> che è specializzata per il <u>contatto oculare</u> e la <u>gestualità</u>, poi il giro temporale mediano e la corteccia entoriale destra specializzate per la memoria dei volti e dei nomi[2]. Quindi il cervello inizia a modificarsi in relazione al mondo virtuale e con i contatti con gli altri in relazione a dei decodificatori binari bidimensionali cibernetici che sottomettono il sistema visivo a dei frames non esistenti in natura....

L'uomo ha un ventaglio di scelte perché ne elabora a priori l'azione. *La visione e la gestualità sono cardini in questo processo che fa evolvere l'individuo verso l'oculo-tattilicità.* La calibratura della percezione visiva modula la prensilità e la ripetizione della gestualità porta all'automatismo che diventerà un dato genetico. Il rapporto delle frequenze percettive e le proiezioni retiniche calibrano il rapporto dell'individuo animale o umano con l'ambiente e ne determinano le sue reazioni, che possono in parte

---

2 Kanai R. E al. Online Social Network Size is Reflected in Human Brain structure in "Proceedings of the Royal society B" vol. 279, pp.1327-1334, 2012.

essere prevedibili ed esplicative di comportamenti sociali o asociali.

Insomma:

Pur essendo tutti *"Umani"* siamo tutti diversi in continua trasformazione.

ETOLOGIA ANTROPOLOGICA

I primi 5 secondi di un nuovo incontro determinano la messa in memoria indelebile di quello che percepiamo di una persona.

Da come ci presentiamo nei primi 5 secondi, saremo considerati per il resto della vita.

Questo vale sia per gli altri che per noi.

Per questo motivo è indispensabile quando si conosce una persona nuova fermarsi 5 secondi e stabilire un contatto profondo, se possibile andare oltre le apparenze verso la percezione della sacralità che la anima.

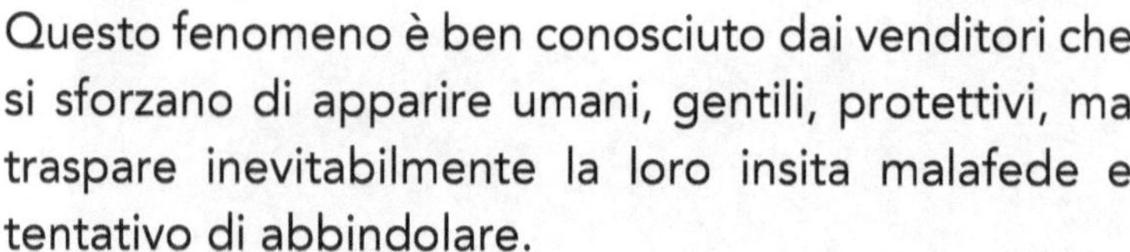

Questo fenomeno è ben conosciuto dai venditori che si sforzano di apparire umani, gentili, protettivi, ma traspare inevitabilmente la loro insita malafede e tentativo di abbindolare.

I primi 5 secondi non sono solo fatti di apparenze ma anche di sostanza. Quindi è bene essere sinceri in modo da essere corretti nella relazione.

Le domande corrette incontrando una nuova persona possono essere:

Che possibilità straordinaria abbiamo dalla nostra conoscenza?

Quali fantastiche opportunità ci attendono?

Cosa possiamo realizzare insieme per migliorare la nostra qualità della vita?

In qualche modo il rapporto tra gli esseri umani sembra riproporre quello con gli animali.

Nel momento in cui sei riconosciuto come capo branco hai la possibilità di relazionarti col gruppo diversamente da quando sei riconosciuto come gregario.

Gli animali si annusano appena si vedono, in qualche modo a livello inconscio lo facciamo anche noi attraverso i ferormoni, o con le gestualità spontanee che calibrano il rapporto.

Quello che conta è la sincerità, come con i bambini, altrimenti sono urla, ringhiate e morsi.

Per l'uomo la parola equilibrio non è il riconoscere i ruoli ma bensì **il rispetto reciproco**.

L'etoantropologo Andrea Sellitti suggerisce che il paradosso dell'equilibrio per l'uomo è che si rivela un elemento negativo proprio per la non riconoscenza del ruolo che è invece nel mondo animale un elemento di stabilità e assoluta forma di controllo.

Noi possiamo utilizzare vari punti di osservazione in ogni situazione e con ogni persona.

Gli animali si limitano alla percezione ormonale e fisica.

Noi possiamo osservarci da un punto di vista sociale, di competenze o spirituale.

Spirituale significa questo:

riconosco che anche tu sei qui come me a fare un'esperienza di vita.

Non sappiamo perché siamo qui e quando ce ne andremo. Come possiamo celebrare insieme la nostra permanenza unendo le nostre capacità, sensibilità, talenti per realizzare qualcosa di gradevole e potere lasciare il pianeta sentendoci appagati per quello che abbiamo realizzato?

Se mi comprendessi meglio, capirei meglio gli altri?

PARTE SESTA

Quando si vedono nettamente i difetti degli altri,
li si possiede.
Jules Renard, *Diario,*
1887/1910 (postumo, 1925-27)

COMPRENDI LA TUA NATURA

A questo punto non ti resta che comprendere la tua natura, chi sei, per comprendere cosa vuoi e come vuoi che gli altri ti considerino e trattino.

In breve:

⊙ Sei visivo (vuoi vedere)
⊙ Auditivo (vuoi sentire)
⊙ Cenestesico (vuoi toccare)

⊙ Ti riconosci in un legame forte, debole, anfotero (multivalente) o sei solitario:

⊙ In che cellula del corpo ti riconosci:

⊙ In che animale ti riconosci:

⊙ Come ti vedi/senti vincente:

⊙ Come ti vedi/senti appagato:

⊙ Come ti vedi/senti realizzato:

⊙ Come ti vedi/senti amato:

⊙Come ti vedi quando lasci la Terra:

⊙Come ti vedi/senti dopo morto che riguardi l'esperienza sulla Terra pensando di esserti realizzato:

⊙Riflessioni personali.

DOMANDE *su cui riflettere:*

Siamo soli? Quante personalità abbiamo? Quale di queste ha ragione?

PARTE SETTIMA

La buona educazione consiste nel nascondere
quanto bene pensiamo di noi stessi
e quanto male degli altri.
Mark Twain, *Taccuini, 1935 (postumo)*

COME RELAZIONARTI ALLA TUA POSIZIONE

La percezione sensoriale limitata alla percezione dei 5 sensi?

A **livello emotivo** tutti in genere abbiamo un **umore di fondo**, è lo stato d'animo nel quale tendiamo a ritrovarci quando siamo soli, quando vediamo la nostra vita, cosa accade, i nostri successi, insuccessi, ecc.

Poi ci sono **i sentimenti** che caratterizzano come ci sentiamo in relazione a eventi e persone specifiche. Sentimenti di amore, di odio, disgusto, piacere ecc. Sono le calamite che attraggono gli altri verso di noi. Hanno la caratteristica che attirano anche quando esprimono il nostro rifiuto. Sono due facce dello stesso polo attrattivo.

Inoltre ci sono **le emozioni** che esprimono come ci sentiamo in una data situazione, sono veloci, ci fanno sobbalzare.
Spesso ci confondono, o ci danno la forza, ci svuotano o ci rimescolano.

Ricordiamo anche **le sensazioni** che spesso sono indescrivibili ma che fanno percepire che qualcosa è sul punto di accadere.

Le emozioni collaborano al nostro livello energetico; attraggono il contesto, gli avvenimenti in cui viviamo e calibrano la nostra attenzione e lucidità nell'affrontarli.

Tutte queste potenti energie convergono nel nostro comportamento, ci possono rendere vincenti o perdenti.

Devono essere conosciute, riconosciute in noi ed ammaestrate per poterle utilizzare per il nostro bene al posto di esserne vittime o schiavi.

Sono molto potenti e cercano di interferire continuamente con la logica, il buon senso, la ragione.

Poi dobbiamo considerare una parte misteriosa, l'intuito.

Esso segue regole assolutamente proprie, è come un'antenna puntata verso il cosmo che percepisce dei movimenti superiori alla logica ed alle emozioni.

Chi riesce ad ascoltarlo normalmente riesce ad avere dei successi speciali. Chi è convinto di averlo ma si lascia suggestionare dagli altri, dalle emozioni dalle logiche altrui, normalmente dopo un grande entusiasmo iniziale scopre il fallimento delle sue scelte.

Come distinguere l'intuito dalla logica e dalle suggestioni?

L'esperienza è sicuramente maestra.

Spesso ci si rende conto che piccole sfumature del nostro atteggiamento interiore fanno la differenza.

Inoltre sono assolutamente personali.

Per me l'intuito è una forza che mi coinvolge totalmente, una voce interiore mi dice "Devo farlo subito", mi sento compenetrato, è come **se io fossi quello che faccio**, sono teso, focalizzato, quasi privo di coinvolgimento emotivo e di riflessioni.

È uno stato di totalità, come essere la ruota di un ingranaggio che può solo girare in una direzione specifica con una velocità specifica.

Ma questo vale per me, per te non lo so, devi scoprirlo.

*

Riporto un messaggio che mi è arrivato su Facebook:

"Il mondo che ti circonda è unicamente il riflesso di ciò che sei in questa fase della tua vita. I luoghi che frequenti e le persone che incontri ogni giorno rappresentano parti di te.

Non sei uno schiavo perché fai quel lavoro, ma fai quel lavoro perché dentro di te sei uno schiavo. Non confondere la causa con l'effetto!"

(dal libro Alchimia Contemporanea)

Se sei un imprenditore, sappi che i tuoi dipendenti sono parti di te che non hai ancora integrato nella tua psiche.

Se sei un terapeuta, sappi che i tuoi pazienti sono parti di te i cui mali sono anche i tuoi mali, e se prima non guarisci te stesso non puoi guarire nemmeno loro.

Se sei un insegnante, sappi che i tuoi allievi sovente rappresentano le parti di te che non vogliono accettare ciò che tu stai cercando di trasmettere loro.

La conseguenza di questo paradigma è che **tu sei l'unico vero responsabile** di tutto quanto ti accade nella tua vita.

Tu puoi allora divenire il Re, il Reggitore del tuo Regno.

Se riesci a modificare anche solo un particolare dentro la tua psiche, il mondo sarà costretto a rispondere prontamente.

Il mondo è il tuo servo, non viceversa.

(in caso contrario, se sei inconsapevole, tu diventi il servo...)

"Chiunque ha qualcosa in mano riceverà di più, e chiunque non ha nulla sarà privato anche del poco che ha" (Vangelo di Tommaso)

Questa frase è più potente di quanto si pensi. Essa racchiude una verità, una legge universale che basterebbe da sola a farci vivere nell'abbondanza di cui siamo già circondati ma che non riceviamo perché chiudiamo il canale che ci collega all'universo, il canale della fede.

Proprio così, se pensiamo di essere ricchissimi con degli amici stupendi (forse con dei limiti per la loro natura) ma siamo focalizzati sulla ricchezza di essere in contatto con loro, accadrà una magia speciale, riusciremo a scoprire i loro lati migliori e forse anche a coltivarli insieme.

Ma se ci focalizzeremo su tutte le qualità che gli mancano, troveremo un terreno sempre più arido, proveremo sempre più fastidio dalla loro vicinanza e tristemente resteremo soli, soli con il nostro modo di vedere, dove anche quel poco che speravamo di avere potrebbe svanire...

Ecco cosa dice Will Smith
http://www.youtube.com/watch?v=wCR6Ki0HPY8

PARTE OTTAVA

È facile convertire gli altri.
Difficile è convertire sé stessi.
Oscar Wilde, *Il critico come artista, 1889*

SPECCHIO O MAESTRI?
Gli altri come specchio o come maestri?

Onora il Padre e la Madre se vuoi vivere sano e felice.

Questa è la parte più difficile e preziosa.
Ogni essere ti può fare da maestro per migliorarti.

L'evoluzione dei millenni passati ha selezionato dei comportamenti di vendetta, di odio, di desiderio di farla pagare agli altri per qualsiasi affronto.
Non mi sembra che ci sia molta differenza con i comportamenti dei cervi che si "scornano" per stabilire chi è il maschio dominante.

A seconda di quello che scegliamo di credere e su cui ci focalizziamo, attiveremo delle reazioni speculari contro di noi.

Se scegliamo di credere che chi ci fa un torto è uno "stronzo" che deve pagarla, se crediamo che lui voglia fare tutto per ferirci, che nessuno ci capisca perché solo noi siamo onesti, buoni, che tanto tutti ne approfittano, attiveremo un comportamento altezzoso, superbo, sulla difensiva, sul timore, sulla privazione e soprattutto lasceremo il nostro percorso

per seguire il vortice di pensieri che si autoalimenta nei confronti dell'altro.

Possiamo paragonare questo concetto ad un automobilista che anziché guardare la strada da fare in autostrada continua a viaggiare con la testa indietro a guardare chi non ha messo la freccia. È facile immaginare le conseguenze.

Se all'opposto scegliamo di credere che chi ci fa un torto è una persona incapace a scegliere un comportamento migliore, che per una serie di eventi, educazione, concause si è ritrovato ad essere capace solo di agire in quel modo, vittima del suo passato e di un passato che non conosciamo, allora potremo utilizzare delle attenzioni per proteggerci, contenerlo ed eventualmente fornirgli degli strumenti che nel tempo potranno arricchire la sua anima e le persone con cui verrà in contatto.

Tutti patiamo l'esclusione, tutti siamo soggetti al plagio, tutti vorremmo tutto quello che vediamo e che ci cattura.

Il problema è proprio questo, non siamo noi a desiderare, noi *siamo le prede catturate da un oggetto* o da una persona, o da una filosofia o da un credo!

Noi siamo quasi sempre le vittime!

Noi pensiamo di essere dotati di discernimento, di capacità di scelta, di maturità, di essere più furbi degli altri, di evitare di farci fregare e più lo crediamo, più la realtà si diverte a prenderci in giro, ad umiliarci mettendoci davanti le persone più furbe di noi!

Gli altri sono dei veri maestri nell'insegnarci l'umiltà, farci conoscere i nostri limiti, i limiti della razza umana, il rispetto delle regole interpersonali, le legge della biologia ecc.

Possono pertanto solo essere rispettati e ringraziati per l'insegnamento.

Inoltre **le persone ipnotizzate** da un desiderio alimentato dal senso di esclusione (su qualsiasi piano e livello) si troveranno ad agire come sanno per **ottenere il diritto di esistere o essere accolti ed appartenere.**

Sono mosse dall'invidia o da altri sentimenti che lacerano la loro integrità, mosse dal bisogno, dalla emulazione di chi hanno visto ottenere risultati, in qualsiasi modo li abbia ottenuti.

Possono essere vittime plagiate dai proseliti di persone in malafede che inculcano dottrine violente per un loro tornaconto personale, economico o semplicemente di potere; queste persone vittime di queste situazioni, dicevo, si troveranno ad agire

come sanno per ottenere il diritto di esistere o essere accolte ed appartenere.

Quindi non sono mai degli esseri nefandi ma sono sempre vittime di situazioni che li hanno resi ignobili dal punto di vista relazionale e maestri nell'evidenziare i nostri limiti, la nostra incapacità di amare e comprendere, di rispettare noi stessi, di strutturare la nostra persona in una flessibile solidità. Sapendolo si possono aprire nuovi orizzonti di dialogo.

PARTE NONA

*Chi crede di non aver più bisogno d'altri
diventa intrattabile.*
Luc de Clapiers de Vauvenargues,
Riflessioni e massime, 1746

SUGGERIMENTI BIBLICI
Suggerimenti Biblici.

Maledetto sia l'uomo che confida in un altro uomo e non in D-o.
(Geremia 17)

Questo è un passo biblico che mi ha fatto comprendere la radice di molte sofferenze.

Nella natura ci sono delle gerarchie di valori. Si parte dal più elevato e si scende progressivamente.
Ogni volta che si porta un valore inferiore al posto del superiore si creano dei danni.
Il superiore è il contesto, l'inferiore è il particolare.
Il superiore è D-o, poi ci sono io e poi tutti gli altri.

Abbiamo spiegato che nerlla visione Naturologica se uno arriva sulla Terra è perché è rotto, per cui se confidiamo in qualcosa di rotto, la colpa non è sua ma è nostra; lo stesso vale per le sue opere, se lui è difettoso lo saranno anche le sue opere.

Questo concetto lo ritroviamo nella vacuità dei buddisti: tutto è imperituro, cioè, tutto ha una durata limitata, fa parte dell'esperienza terrena, per cui dobbiamo confidare su qualche valore più solido, un valore interiore.

Spesso nelle relazioni si tende a mettere la persona sopra di noi, al posto di D-o e nel momento in cui quella si allontana inizia il panico, il dramma, si perde la ragione per esistere, ecco perché le persone abbandonate possono arrivare a commettere atti efferati [3] se non possono possederla.

È necessario avere dei valori elevati, dei riferimenti superiori, solidi, duraturi, nei quali potere percepire il senso di appartenenza.

Come le cellule del corpo devono appartenere ad un organo o un sistema per potersi esprimere, così anche noi dobbiamo appartenere ad una specie che appartiene ad un gruppo ma soprattutto che appartiene ad un insieme. Trovo che il concetto di D-o sia perfetto per questo scopo. È definito eterno, infinito ed inconoscibile, sorgente inesauribile d'amore. Un concetto che spiazza la logica ed apre alle dimensioni interiori proiettandoci nell'infinito.
Chi meglio di Lui!?

Per cui ecco che possiamo estrapolare una regola di benessere. La regola è:

Prima D-o
Poi io
Poi gli altri: il partner, i figli ecc.

---

[3] Feroce, crudele, inumano

Il tutto come in un flusso di energia che scende
l'acqua di un torrente:
Prima la sorgente (D-o), poi il decorso (noi) ed infine
il mare (gli altri)...

C'è un'altro passo fondamentale per vivere meglio:

*Se vuoi vivere a lungo e felice, onora tuo padre e
tua madre.*

Questo significa che in noi è presente il codice
genetico dei nostri genitori.
Amandoli ed onorandoli amiamo ed onoriamo noi
stessi.
Qualsiasi pensiero negativo rivolto contro di loro si
ritorce contro di noi.
Odiandoli ci ritroveremo ad odiarci e gli altri ci
odieranno.
Insultandoli ci insulteremo e gli altri ci insulteranno.

Amandoli ci ameremo e gli altri ci ameranno.

Questa è la legge dell'attrazione, della risonanza.

Trova il modo per amarli ed onorali.
**Sappi che loro fanno sempre il meglio di cui sono
capaci.** Se sapessero fare meglio lo farebbero.

Perciò evita di giudicarli e amali con tenerezza.

Tu sei la loro emanazione, onorali e rispettali come tutti i loro avi e osserva quello che accade nella tua vita dopo qualche mese.

Un ulteriore avvertimento riguarda il tuo percorso di vita.

Prima di tutto devi onorare e rispettare i tuoi genitori ed avi, autorizzarli interiormente a fare il loro percorso (benedicendolo), evitare in qualsiasi modo di giudicarli, criticarli, ecc.

Successivamente riconoscere che il tuo percorso è differente dal loro e proseguire centrato nella tua identità.

Rinuncio a giudicare i miei parenti, sì rinuncio, sì rinuncio, sì rinuncio.

Rinuncio a sentirmi ferito, umiliato, soffocato, giudicato da loro, sì rinuncio, sì rinuncio, sì rinuncio.

PARTE DECIMA

*Non fare agli altri ciò che vorresti
che loro facessero a te.
Possono avere gusti diversi dai tuoi.*
George Bernard Shaw, *Uomo e superuomo, 1903*

LE PRESENZE PROTETTRICI

Questa parte ormai la inserisco in tutti i miei libri perché dopo anni ne ho riscontrato la potenza ed efficacia.

Attorno a noi ci sono presenze protettive.

Come tutti gli esseri necessitano di conoscenza, capacità e strumenti per svolgere al meglio la loro missione.

Per questo motivo ho scoperto che affermando mentre mi pongo in relazione, in contatto con loro, questo ringraziamento, accadono spesso delle magie incredibili.

Signore ti onoro e ti lodo perché doni
Conoscenza
Capacità
Strumenti
A me, ai miei ed altrui maestri, guide, angeli per essere:
sereni, in pace, protetti, liberi dalla paura e della rabbia, ispirati, guidati e liberati da tutto quello che nuoce, per essere nella Luce d'armonia felici e realizzati.
E soprattutto ti lodo e ringrazio per darmi la capacità di ascoltarli per il bene supremo.
Grazie, grazie, grazie, è fatto, è fatto, è fatto.

PARTE UNDICESIMA

*Bisogna essere nell'intimo
completamente diversi dagli altri,
ma simili al resto della gente nell'aspetto esteriore.*
Lucio Anneo Seneca, *Lettere a Lucilio, 62/65*

L'ARCOBALENO E' SEMPRE IN NOI

Tutti siamo come espressione di magia, felicità e meraviglia di un progetto superiore.

Noi viviamo e agiamo per purificarci e per migliorare il benessere di tutti.

Sappiamo dalla programmazione neurolinguistica che ci sono 3 tipi base di persone:
I visivi che giudicano tutto dalla vista
Gli auditivi che giudicano dalle parole
I cenestesici che giudicano dal tatto

Appena incontri una persona hai subito l'opportunità di farla sentire bene, accolta, amata.

Sorridile, salutala e stabilisci un contatto fisico nel quale la vedi gratificata.

Tu non sai se è prevalentemente visiva, auditiva o cenestesica, facendo tutti e tre i gesti sicuramente uno la nutre, le arriva nel profondo.
Sorridile per accoglierla visivamente
Salutala con gratitudine per la sua parte auditiva
Dalle la mano, un bacio, un abbraccio o una pacca per la sua parte cenestesica.

Se vedi che uno dei tre saluti la irrita significa che è stata ferita in quel livello, per cui evita di usarlo con lei.

PARTE DODICESIMA

*Non vuoi capire la tua coscienza significa appunto
"gli altri dentro di te?".*
Luigi Pirandello, *Ciascuno a suo modo, 1924*

Andare a tempo e suonare la magia della sinfonia.
Come può essere meglio di così?

IL REIKI GRATITUDE

Il Reiki, potente espressione dell'armonia universale, propone delle regole a chi lo utilizza per curare. Le trovo molto profonde. Come Master Reiki le propongo durante le attivazioni come un principio che "credo" fondamentale per essere in armonia con i principi universali di rispetto reciproco, e quindi con maestri che "credo" ci guidino.
Vediamole insieme:

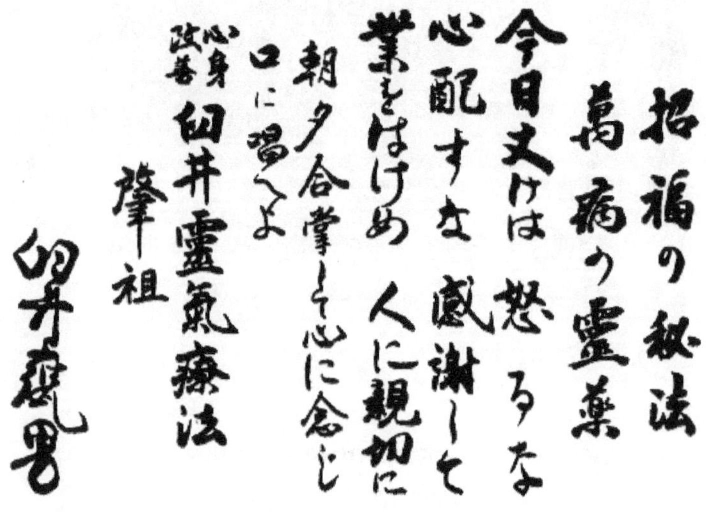

Niente paura, ecco la traduzione:

Il metodo segreto per inviare la fortuna	Shofuku no hiho
La meravigliosa medicina per tutte le malattie Proprio oggi Solo per oggi	Manbyo Reiyaku no Kyo dakewa
1- Evita di essere adirato	1 Ikaruna
2- Evita di preoccuparti	2 Shimpai suna
3- Sii grato (verso tutto e tutti)	3-Kansha shite
4- Lavora sodo (onestamente e su di te)	4-Gyo wo hageme

Il metodo segreto per inviare la fortuna	Shofuku no hiho
La meravigliosa medicina per tutte le malattie Proprio oggi Solo per oggi	Manbyo Reiyaku no Kyo dakewa
5- Sii gentile verso i tuoi simili (rispetto verso i nostri genitori quali fautori della nostra vita, i maestri quali trasmettitori del sapere e gli anziani quale fonte di saggezza).	5- Hito ni shinsetsu ni

E aggiunge:

Alla mattina e alla sera siedi
Nella posizione Gassho e ripeti queste parole
a voce alta e nel tuo cuore.
Per l'evoluzione del corpo e dell'anima,
Usui Reiki Ryoho.
Il fondatore Mikao Usui.

Mi ha colpito il concetto di *essere grato verso tutto e tutti*, perché ogni creatura o creazione mi permette oggi, qui ed ora di fare l'esperienza della vita e di nutrire la mia anima di conoscenza".
Essere grato verso tutti gli esseri, significa verso tutti, perché tutti fanno parte della creazione della quale anch'io faccio parte.
Da quando ho iniziato ad essere grato anche agli ingrati, anche a chi trovo intollerabile, qualcosa di profondo è cambiato in me, una leggerezza, una sensazione di tranquillità maggiore mi ha pervaso.

Ora vuoi sapere cos'è la meditazione Gassho?
Eccola tratta dal sito
http://www.amoreiki.it/reiki_advanced_gassho.htm

Questa meditazione è la pratica che dovrebbero fare al mattino ed alla sera le persone che praticano il reiki.

Se non hai ricevuto l'attivazione puoi praticare in attesa di riceverla focalizzandoti sulla connessione con il Principio di Connessione Universale che lo esprime con gratitudine e rispetto.

Vediamo ora come si esegue la meditazione Gassho.

Gassho significa **"Mani insieme"**.
* Siediti con gli **occhi chiusi e le mani giunte** davanti al petto, leggermente più in alto del cuore.

Porta la tua **attenzione al punto dove si incontrano le tue dita medie.**

* Mantenendo l'attenzione al punto dove si incontrano le tue dita medie, inizia a meditare: **respira lentamente nella pancia, e non preoccuparti di altro.**

* Se ti accorgi che arrivano dei pensieri, cerca di non trattenerli, ma **osservali semplicemente come se appartenessero a qualcun altro.** Vedrai che con l'allenamento nel giro di qualche settimana la cosa ti riuscirà abbastanza naturale.

Seishin Toitsu (segue meditazione e concentrazione).

Questo è il momento in cui gli insegnanti danno i Reiju o attivazioni dei livelli (farla comunque).

a) Inspira attraverso le mani e visualizza la luce di Reiki che scorre attraverso le mani e fino all'Hara che si trova 3 dita sotto l'ombelico. Senti l'energia che aumenta e si accumula nell'Hara.

b) Espirando, visualizza l'energia accumulata nell'Hara che irradia e sgorga abbondantemente attraverso le mani.

Gokai Sansho (ripeti tre volte a voce alta i cinque principi):

Solo per oggi evita di arrabbiarti; **solo per oggi evito di arrabbiarmi.**

Evita di preoccuparti; **evito di preoccuparmi.**
Sii pieno di gratitudine; **sono grato a tutti gli esseri.**
Svolgi il tuo lavoro con dedizione; **celebro ed agisco con dedizione.**

Sii gentile verso le persone; **sono gentile verso tutti.**

Mokunen
Riporta le mani sul grembo con le palme verso il basso.

Dì mentalmente al tuo inconscio: "Ho finito Hatsu Rei".

Apri gli occhi e scuoti le mani verso l'alto, verso il basso, verso sinistra e verso destra per qualche secondo.

Il Reiki è una delle infinite possibilità di connettere la nostra natura con la consapevolezza operatrice dell'armonia universale.

Se ti intererssa puoi approfondirlo nel libro **REIKI GRATITUDE W15** di questa collana.

Abbiamo realizzato una scuola specifica per formarci in questa disciplina di saggezza, rispetto, gratitudine ed amore.

Qualsiasi possibilità di guarigione inizia sempre nell'invisibile, poi si espande nel corpo elettromagnetico, chimico, ed infine nel corpo fisico.

Il corpo recupera facilmente i traumi e gli scontri con agenti infettivi, ma i disordini profondi che hanno radici molto complesse sono più difficili da recuperare.

Le medicine da sole spesso fanno molto poco, più se ne aggiungono e più si creano ulteriori danni.

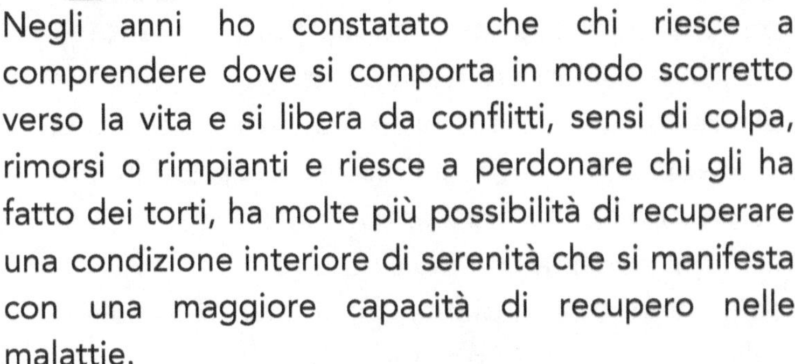

Negli anni ho constatato che chi riesce a comprendere dove si comporta in modo scorretto verso la vita e si libera da conflitti, sensi di colpa, rimorsi o rimpianti e riesce a perdonare chi gli ha fatto dei torti, ha molte più possibilità di recuperare una condizione interiore di serenità che si manifesta con una maggiore capacità di recupero nelle malattie.

Possiamo riassumere che una persona coerente e congruente con se stessa è molto più determinata nell'essere focalizzata al raggiungimento dei suoi obiettivi ed il corpo la segue, quando una persona è pervasa da dubbi, conflitti, sensi di colpa, si perde lungo la strada ed il corpo esausto dalle continue frustrazioni tende a lasciarsi sopraffare dallo stress e dalle malattie.

Solo provando rispetto verso gli altri perché li si comprende (o si evita di giudicarli), si riesce a trovare un comportamento, un linguaggio adeguato per onorarli rispettando se stessi ed il progetto verso il quale ci si sente chiamati.

Il progetto è qui ed ora.

Qui ed ora è il momento per esprimerti, per realizzare, per progettare.
In ogni sinfonia tutti gli strumenti devono essere perfettamente accordati ed essere perfettamente a

tempo, mai prima e mai dopo, perfettamente a tempo con la calibratura della partitura.

Questo vale anche per te qui ed ora. Tu sei la persona che può esprimere la magia radiosa della tua innata natura proprio qui ed ora, come vuoi, come senti, per nutrire ogni persona che è vicino a te, per nutrire te stesso o per nutrire le piante, gli animali, le cellule o semplicemente il vuoto ricolmo di memorie e di semi di felicità, gioia, luce, armonia. Ecco che appare il respiro lento e gradevole, di sorriso, di benedizione. La tua creatività connessa all'armonia dell'universo, alle sottili trame che ti connettono al tutto, al rispetto di ogni flusso e trama è il seme della trasformazione e tu ne sei ininterrottamente l'artefice.

A questo punto ti chiedo quello che chiedo a tutti:

VUOI ACCOMPAGNARMI NELLA FELICITÀ DI D-O?

PARTE TREDICESIMA

L'AMORE DI D-O È IN NOI

Ho'oponopono
Teopneutica per la pace e l'Ho'oponopono.

Molte persone hanno tratto benessere dall'Ho'oponopono che nella lingua hawaiana significa **"Mettere a posto o ripulire"**.

Ho'oponopono è una sequenza di atteggiamenti interiori usata per dissolvere i ricordi perturbanti e riconnettersi con la sacralità.

Ho'oponopono consiste nella proclamazione di quattro semplici frasi mentre ti concentri sui tuoi problemi:

Mi dispiace
Per favore perdonami
Grazie
Ti amo

Il concetto che trasmettono i maestri Hawaiani è:

"Mi prendo la piena responsabilità per la comparsa di questi problemi nella mia vita, anche se non so come li ho creati. Per favore, Supremo elimina questi ricordi e rimetti a posto la situazione. Grazie. Ti amo".

La Teopneutica

Tra te e l'universo esiste un legame profondo: siamo tutti connessi ed il tuo respiro può portare armonia, benessere, serenità in tutta la creazione.
Ti accorgi che il tuo respiro, come un'onda delicata, accarezza ogni essere e lo accompagna a seguire il tuo ritmo armonico e gentile, e a sua volta questo ritmo amplificato dal respiro degli altri, che si è sincronizzato col tuo, si amplifica portando ulteriore armonia e serenità.

Tutto è pervaso da questa meravigliosa serenità che deriva dal respiro.
Tutto si nutre della tua fluidità, del tuo rilassamento, della tua serenità e della tua pace.

Senti una speciale vitalità che si diffonde in tutto il tuo corpo, in ogni tua cellula, in ogni organo.
Questa essenza accarezzando i tuoi polmoni con le sue ondulazioni, rigenera continuamente ed ininterrottamente il tuo organismo, lo libera da qualsiasi presenza nociva, lo nutre di ogni sostanza utile nelle giuste proporzioni e quantità.

Quando sei consapevole di questa meraviglia che è in te, lo stupore ti fa sorridere di gioia e ringrazi il

Supremo che ti rinnova ad ogni respiro e rinnova, anche grazie al tuo respiro, ogni essere, creatura e manifestazione nel suo flusso vitale.

Una curiosità profonda ti porta a volere sapere: cos'altro è possibile? Quali potenzialità meravigliose attendono di poter agire attraverso di me? Quali straordinari miracoli puoi operare da questo livello? Quali meraviglie puoi vivere con la Teopneutica? Quale livello di pace ed armonia posso condividere con gli altri?
Quanta felicità di D-o, della Sorgente Suprema, posso condividere con tutti gli altri?

Ecco la pratica di base della Teopneutica:

Cerca una posizione nella quale puoi respirare liberamente ed espandere totalmente sia il tuo ventre che il tuo torace.

Ora chiudi gli occhi e portali leggermente verso l'alto, per indurre uno stato di contemplazione e meditazione profonda che attivi le onde alfa ed eventualmente theta.

Mettiti in un atteggiamento di gratitudine e risveglia un senso di gratitudine verso te stesso, verso la Terra che ti accoglie, verso l'aria che respiri, verso la creazione con la quale puoi sperimentare ogni giorno nuove esperienze e avventure.

Ogni volta che ti rivolgi a qualcosa ringrazia e fa un respiro lento e profondo.

Ora che ti sei messo in una disposizione d'animo speciale, riporta alla mente le sensazioni di un bambino, anche se ti sembra impossibile, richiama la sensazione corporea di avere 10 anni, 9, 8, 7, 6, 5, 4, 3, 2, 1, fino a quella di essere appena nato.

Richiama la gioia di essere appena nato e la curiosità di potere sperimentare infinite avventure in questo corpo fresco e vitale.

Prova gratitudine verso la nascita e verso il tuo corpo, verso la tua parte interiore, verso tutto quanto esiste visibile e non visibile che ti permette di vivere.

Ti accorgi che una luce invisibile ti pervade e si irradia in tutto l'universo attraversando ogni essere, oggetto, pianeta, galassia.

Tutto quanto esiste è attraversato da questa Presenza luminosa e ti accorgi che dal punto lontano nell'infinito, oltre l'infinito che non finisce mai, una semplice oscillazione della luce si riflette attraverso di te allo stesso modo in cui il tuo semplice respirare crea un'onda in questa presenza che si espande su tutta la creazione.

A questo punto ti accorgi che la tua serenità, la tua pace e questo ritmo delicato e gentile, nutriente e vitale **è prodotto da questa Presenza Creatrice** che con la sua luce accarezza il tuo corpo e lo ricolma d'aria facendoti inspirare ed espirare.

Ti accorgi che non sei tu a respirare ma è la Presenza che respira attraverso di te la sua armonia, la sua serenità, la sua dolcezza, la sua forza rilassata e potente. **La tua gratitudine cresce vero questa amorevole Presenza.**

Ti accorgi che i due polmoni, quello destro e sinistro, si espandono insieme in armonia e quest'armonia si espande anche nel tuo cervello che liberamente fa fluire tutti i suoi dati da un lato all'altro, dalla parte anteriore a quella posteriore, dalla zona interna a quella esterna e viceversa.

Questo Soffio, accarezzando il tuo torace e facendolo respirare lentamente, profondamente, serenamente, rende la tua mente chiara, limpida, capace di discernere immediatamente, di comprendere, di imparare facilmente con gioia e curiosità!

A questo punto inserisci le affermazioni di consapevolezza, porta la tua attenzione alla **parte Migliore di noi,** della creazione, delle potenzialità, al suo archetipo, alla sua sorgente che facciamo convergere nella parola D-o per praticità e per essere uniti nello stesso concetto archetipale e trascendente.

INSPIRANDO
**La Pace di D-o
si espande da me a tutti gli esseri.**

ESPIRANDO
**La Pace di D-o
si espande da tutti gli esseri a me.**

Nelle meditazioni comuni, si immagina che la pace segua il respiro, quindi quando si espira esce l'amore e quando si inspira penetra l'amore.
Qui è diverso, in questa pratica **noi siamo dei canali che fanno fluire l'amore di D-o** che penetrando dalle

nostre narici, purifica il nostro cuore e da li si irradia, per cui quando inspiriamo, la Sua presenza di amore e luce si espande dal nostro cuore rendendoci luminosi come una stella.

Mentre pratichi osserva interiormente che mentre il respiro di D-o entra nelle tue narici, si diffonde in tutto il tuo corpo e veicola dal tuo cuore la Sua pace, dopo averlo ricolmato di pace la irradia nell'universo. Poi mentre espiri, osserva interiormente che il suo respiro di pace si diffonde dal cuore di tutte le persone al tuo cuore ed il respiro esce dalle tue narici e pori.

Tutto fluisce continuamente in questa Presenza di luce che pervade tutto.

Per questo se vuoi contribuire alla Pace nell'universo, quindi sulla Terra, quindi in te, puoi fare così, utilizzando anche le pause:

INSPIRANDO
La Pace di D-o
si espande da me a tutti gli esseri.
Pausa
Siamo la pace di D-o.

ESPIRANDO
La Pace di D-o
si espande da tutti gli esseri a me.
Pausa
Siamo la pace dello Spirito di D-o (del Creatore).

O ANCHE COSÌ:

INSPIRANDO
SORRIDO E OSSERVO IL SOLE INTERIORE ESPANDERSI
D-o (il Creatore)
dona la Sua felicità da me a tutti gli esseri.
Pausa
Siamo la felicità dello Spirito di D-o
(del Creatore).
ESPIRANDO
SORRIDO ED OSSERVO IL SOLE INTERIORE BRILLARE
D-o (il Creatore)
mi dona Sua felicità da tutti gli esseri.
Pausa
Siamo la felicità dello Spirito di D-o.

In questo modo crei un'armonia speciale con tutti gli esseri e con te stesso, alimenti il seme della pace e della felicità nel tuo cuore ed in quello dei tuoi simili, un seme che non proviene da te ma dall'origine creativa.

Puoi inserire tutte le qualità che desideri per coltivare l'armonia e la pace tra tutti gli esseri. Ogni parola è un seme prezioso che viene diffuso nell'universo.

Per riassumere:

La Teopneutica è la pratica di respirazione consapevole che aumenta l'attenzione sulle qualità benefiche degli archetipi.

Con la ripetizione interiore di frasi d'armonia, accompagnate dal fluire spontaneo e consapevole del respiro, il benessere si irradia attorno a noi ed oltre noi.

Tu come gli altri sarete proiettati in una dimensione oltre il corpo, oltre i pensieri, oltre le emozioni verso uno stato di risonanza con la luce e le sorgenti universali di Amore, Verità e Semplicità, dove tutto è luce e respiro di pace.

Se lo desideri puoi cominciare da subito.
Per approfondire vai al sito www.oneinpeace.org.

Quali infinite possibilità abbiamo per
allontanarci da quanto ci nuoce?

PARTE QUATTORDICESIMA
(un Nehz)

La vita è la palingenetica obliterazione dell'io trascendentale che si infutura nell'archetipo prototipo dell'autocoscienza cosmica.

Non è sempre semplice dire la verità, specialmente quando si deve essere brevi.

"I cani amano gli amici e mordono i nemici, a differenza degli esseri umani, che sono incapaci di amore puro e confondono l'amore con l'odio nelle loro relazioni"
Sigmund Freud

Se conosci quello che nuoce lo eviti.
Una buona regola è **stare lontano** o allontanare quello che nuoce.

NON

Il "Non" è uno dei nostri più acerrimi nemici.
Fin dall'antichità tutti dicono "Non fare questo non fare quello…" e tutti lo fanno.

Se io ti dico "Non desiderare quelle bellissime scarpe di quelle attrici ricolme di brillanti, non desiderare di possederle e non desiderare soprattutto di indossarle, non devi mai desiderare le cose d'altri!", improvvisamente si viene travolti da quest'immagine e chi è sensibile a quel prodotto ne verrà immediatamente affascinata e catturata.

Il "**Non** "per il nostro cervello equivale al **sì**!
Non fare questo lo interpreta come "fai questo", "non pensare a questo" lo interpreta come "pensa a questo" e soprattutto "non voglio questo" è interpretato come "voglio questo!".

Ecco che ci ricordiamo delle persone che dicono "Io tollero tutto ma non questo!" ed è proprio quello che gli accade.

"Posso sopportare tutto ma non questo fastidio" e quel fastidio si materializza improvvisamente dal nulla.

Il "Non" è una potente calamita che attrae proprio quello che si vuole evitare!
Un esempio:
"Non voglio avere problemi di relazione con gli altri" è tradotto con "Voglio avere dei...".

Ripenso a chi ha scritto i comandamenti facendosi passare per il D-o d'amore (qualcuno lo ha scritto!). Sono tutte negazioni che inducono la persona a compiere le azioni vietate. Questa sintassi induce la persona a compiere il peccato e successivamente a sentirsi in colpa e quindi avere bisogno di qualcuno che lo perdoni e lo assolva. In questo modo si mantiene una sottomissione a vita dei peccatori.
Ogni "non" induce la sottomissione.

Se all'opposto si dicesse:
Onora e loda D-o
Onora e loda i tuoi genitori
Sii grato delle cose che hai
Prova gratitudine e rispetto per la tua compagna, siile fedele e proteggila
Commetti atti puri
Evita di rubare e aiutatevi a vicenda,
sarebbe molto più facile aderire a questo modello educativo ed il bisogno di trasgredire scomparirebbe.

Nessuno avrebbe bisogno di mentire e si potrebbe fare un salto evolutivo importante.

Noi sapendolo possiamo iniziare qui ed ora!!!
Tutti gli esercizi della **Purificazione Engrammatica della Naturologia Epigenetica,** che vedremo dopo, tengono presente questa regola neurologica.
Tutto il resto poi fluisce.

Quindi per avere una buona relazione con se stessi, la propria vita e quella degli altri si deve sostituire ogni "Non" con delle frasi affermative, dei concetti positivi, vincenti.

Un esempio:

Io non voglio più soffrire, si più sostituisce con queste frasi prive di non:

Io voglio stare bene
Voglio liberarmi dalla sofferenza,
essere libero dalla sofferenza,
Essere inattaccabile dalla sofferenza
Impedirmi di soffrire
Ecc.

Questo è un passo avanti al concetto di pensiero positivo, è un concetto propositivo di discreazione della negazione.

Aggiungiamo un pensiero di leggerezza:

Revoco e discreo qui ed ora, tutte le conseguenze negative della mia vita attivate dai "non". Klupy Faqfa.

P.E.N.E.

Purificazione Engrammatica della Naturologia Epigenetica.

Consiste nel comandarti di **liberarti** interiormente da tutto quanto ti nuoce. Afferma di **rinunciare a tutta la sofferenza** accumulata, ai sabotaggi che la mantengono attiva, agli atteggiamenti interiori che la provocano, al mantenimento dei programmi nocivi ed alle memorie di difesa connesse ai traumi passati. **Rinuncia a impedirti**, bloccarti, inibire, vergognarti, sentirti in colpa, **limitare l'espressione delle tue potenzialità**, dei talenti, delle capacità, delle abilità, della sensibilità, dei risultati.

In questo modo riduci la tua emanazione negativa e la forza attrattiva che ne deriva. Tutto diventa più leggero, compreso il tuo corpo e la tua mente.

Puoi scegliere due modalità
1) Metti le mani giunte.
2) Metti una tua mano dietro la testa, sulla nuca ed immagina che l'energia negativa presente nel tuo cervello fluisca ed esca dalla mano opposta per essere diretta alla Presenza Creatrice ed essere trasformata in amore, serenità, benessere per tutti.

Mantieni la posizione finché il corpo ha piacere di tenerla, poi lascia che si muova come desidera,

potresti fare dei movimenti strani, è il corpo che si riappropria della spontaneità rimasta bloccata da anni.

Sentirai degli scricchiolii nelle articolazioni, farai dei movimenti buffi, tutto è normale, è la forza di guarigione che si riappropria della tua vita. Quando il cervello integra ed elabora, normalmente ti verrà da sbadigliare o fare dei respiri profondi.

In genere per curarci vorremmo sempre prendere qualcosa, ma molte volte invece dobbiamo togliere, come quando si tolgono le sterpaglie dal letto di un fiume per evitare che straripi. Si deve liberare, ripulire!

Questa che segue è la pratica della **Purificazione Engrammatica della Naturologia Epigenetica,** ti aiuta a liberarti dagli attaccamenti e dai cattivi sistemi di credenza. Afferma delle frasi propositive e prive di "non" in cui rinunci ai modelli di sofferenza. Metti le mani giunte ed afferma la rinuncia 3 volte:

Rinuncio ad evitare di essere me stesso, sì rinuncio, sì rinuncio, sì rinuncio.

Rinuncio ad essere confuso, sì rinuncio, sì rinuncio, sì rinuncio.

Rinuncio ad uscire da me stesso, sì rinuncio, sì rinuncio, sì rinuncio.

Rinuncio alla sofferenza, sì rinuncio, sì rinuncio, sì rinuncio.

Rinuncio ai sabotaggi, sì rinuncio, sì rinuncio, sì rinuncio

Rinuncio a farmi del male, sì rinuncio, sì rinuncio,...

Rinuncio a perpetuare la sofferenza, sì rinuncio, sì rinuncio, ...

Rinuncio ai conflitti delle mie scelte, sì rinuncio, sì rinuncio, ...

Rinuncio alla confusione, sì rinuncio, sì rinuncio, ...

Rinuncio alla separazione, sì rinuncio, sì rinuncio, ...

Rinuncio alla pigrizia, sì rinuncio, sì rinuncio, ...

Rinuncio all'indolenza, sì rinuncio, sì rinuncio, ...

Rinuncio alla superbia, sì rinuncio, sì rinuncio, ...

Rinuncio alle maledizioni, sì rinuncio, sì rinuncio, ...

Rinuncio alle condanne, sì rinuncio, sì rinuncio, ...

Rinuncio alla scorrettezza, sì rinuncio, sì rinuncio, ...

Rinuncio ai vizi, sì rinuncio, sì rinuncio, ...

Rinuncio alle depravazioni, sì rinuncio, sì rinuncio, ...

Rinuncio ad essere ignobile, sì rinuncio, sì rinuncio, ...

Rinuncio al dolore, sì rinuncio, sì rinuncio, ...

Rinuncio alla paura, sì rinuncio, sì rinuncio, ...

Rinuncio al bruciore della rabbia, sì rinuncio, sì rinuncio, ...

Rinuncio allo stordimento, sì rinuncio, sì rinuncio, ...

Rinuncio ad ammalarmi, sì rinuncio, sì rinuncio, ...

Rinuncio a soffrire, sì rinuncio, sì rinuncio, ...

Rinuncio a giudicare, sì rinuncio, sì rinuncio, ...

Rinuncio a condannare, sì rinuncio, sì rinuncio, ...

Rinuncio a volermi vendicare, sì rinuncio, sì rinuncio,
…

Rinuncio a voler fare soffrire, sì rinuncio, sì rinuncio,
…

Rinuncio all'ingiustizia, sì rinuncio, sì rinuncio, …
Rinuncio alla mancanza di rispetto, sì rinuncio, sì rinuncio, …
Rinuncio all'insensibilità, sì rinuncio, sì rinuncio, …
Rinuncio alla sofferenza, sì rinuncio, sì rinuncio, …
Rinuncio ad uccidere, sì rinuncio, sì rinuncio, …
Rinuncio a maledire, sì rinuncio, sì rinuncio, …
Rinuncio a odiare, sì rinuncio, sì rinuncio, …
Rinuncio alla rigidità, sì rinuncio, sì rinuncio, …
Rinuncio alla dipendenza, sì rinuncio, sì rinuncio, …
Rinuncio ad essere plagiato, sì rinuncio, sì rinuncio, …
Rinuncio ai conflitti, sì rinuncio, sì rinuncio, …
Rinuncio all'essere fuori tempo, sì rinuncio, sì rinuncio, …
Rinuncio ad impedirmi di rimandare indietro le maledizioni trasformate in amore e benedizione, sì rinuncio, sì rinuncio, …
Rinuncio all'essere in anticipo, sì rinuncio, sì rinuncio,
…

Rinuncio all'essere in ritardo, sì rinuncio, sì rinuncio,
…

Rinuncio all'essere stordito, sì rinuncio, sì rinuncio, …
Rinuncio all'essere smemorato, sì rinuncio, sì rinuncio,
…

Rinuncio a chiudermi, sì rinuncio, sì rinuncio, ...
Rinuncio a bloccarmi, sì rinuncio, sì rinuncio, ...
Rinuncio ad intasarmi, sì rinuncio, sì rinuncio, ...
Rinuncio a gonfiarmi, sì rinuncio, sì rinuncio, ...
Rinuncio a intossicarmi, sì rinuncio, sì rinuncio, ...
Rinuncio ad impedirmi di essere attraente, sì rinuncio, sì rinuncio, ...
Rinuncio ad essere stordito, sì rinuncio, sì rinuncio, ...
Rinuncio alle ipnosi passate, sì rinuncio, sì rinuncio, ...
Rinuncio a farmi del male, sì rinuncio, sì rinuncio, ...
Rinuncio a detestarmi, sì rinuncio, sì rinuncio, ...
Rinuncio alla disperazione, sì rinuncio, sì rinuncio, ...
Rinuncio al terrore, sì rinuncio, sì rinuncio, ...
Rinuncio al panico, sì rinuncio, sì rinuncio, ...
Rinuncio a ferirmi, sì rinuncio, sì rinuncio, ...
Rinuncio alle abitudini, sì rinuncio, sì rinuncio, ...
Rinuncio ai condizionamenti, sì rinuncio, ...
Rinuncio a tutte le conseguenze negative delle esperienze passate sì rinuncio, sì rinuncio, ...
Rinuncio a farmi sopraffare, sì rinuncio, sì rinuncio, ...
Rinuncio a farmi umiliare, sì rinuncio, sì rinuncio, ...
Rinuncio a sentirmi umiliato, sì rinuncio, sì rinuncio, ...
Rinuncio a sentirmi ferito, sì rinuncio, sì rinuncio, ...
Rinuncio ad identificarmi o associarmi in chi (soffre, si è suicidato, è morto, ha sofferto, fallisce, ha subito ecc.) sì rinuncio, sì rinuncio, ...
Rinuncio a separarmi da me stesso, sì rinuncio, ...

Rinuncio a separarmi dagli altri, sì rinuncio, sì rinuncio, ...

Termina affermando
Mi libero da tutti questi modelli nocivi accumulati nel passato,
sì mi libero, sì mi libero qui ed ora, sì mi libero.
È fatto, è fatto, è fatto!
Grazie, grazie, grazie!

RISTRUTTURAZIONE TEOPNEUTICA

Con la Teopneutica metti i semi dalle caratteristiche opposte al comportamento o stato d'animo al quale hai rinunciato. Metti le affermazioni più radiose, luminose, leggere...

La Pace di D-o fluisce...
L'amore di D-o fluisce...
La comprensione di D-o fluisce...
Il rispetto di D-o fluisce...
Il sostegno di D-o fluisce...
La guarigione di D-o fluisce...
La purificazione di D-o fluisce...
La salute di D-o fluisce...
La ricchezza di D-o fluisce...
La chiarezza di D-o fluisce...

IO MI SENTO

Io mi sento bene o male, questo è come mi sento in relazione a quello che accade.

Nella comunicazione si passa attraverso tre stadi principali del sé[4]:
Quello emotivo tipico dell'infanzia,
Quello logico tipico dell'età adulta
Quello delle regole tipico dei genitori.

Tutti abbiamo in noi questi tre stadi e li possiamo attivare a seconda del contesto.
In questo modello l'importante è mantenere una coerenza tra domanda e risposta.
Se entrambi si parla a livello emotivo tutto scorre fluido.
Se entrambi si parla a livello di norme pure, e lo stesso a livello di logica, tutto continua a fluire.

Se uno si pone sul piano delle regole e si parla all'aspetto emotivo di una persona, questa dall'aspetto emotivo deve rispondere tesa verso le regole, e la comunicazione è corretta.
Il problema insorge quando uno parla da un livello e l'altro risponde da un altro senza relazionarsi con il livello altrui.

---

[4] Analisi transazionale di Eric Berne

Ad esempio:

Ti voglio bene (emotivo)

Risposta: Ora devo andare a lavorare (regola)

La risposta non c'entra nulla con l'affermazione e si innesca una sofferenza.

L'istinto è mandare a quel paese chi risponde fuori luogo e da lì iniziano incomprensioni e strascichi.

Una soluzione è comunicare come ci si sente, al posto di attaccare gli altri (è una delle regole base della comunicazione assertiva).

Per esempio, si può affermare:

Io mi sento ferito da te, mi aspettavo che tu mi dicessi anch'io ti voglio bene…

In questo modo non si accusano gli altri ma si comunica onestamente la verità, senza recriminare e costruire disagi futuri.

Quindi si sostituisce "Tu mi ferisci" con "**Io mi sento** ferito", in modo da evitare qualsiasi colpevolizzazione o accusa.

Si comunica il proprio risentito, il proprio stato emotivo (emozione da ex moveo, portare fuori), si porta fuori come ci si sente, non si accusa nessuno,

ma si comunica una fragilità interiore che permette di far comprendere le conseguenze di atti spesso inconsapevoli ed automatici...

COMUNICARE CORRETTAMENTE

La comunicazione corretta è una delle abilità più preziose dell'essere umano.

In Naturologia Epigenetica la migliore comunicazione deve essere **semplice, rispettosa, libera da parolacce, leggera, coincisa, precisa, diretta, verificabile, mai sovrapposta.**

Diretta significa diretta alla persona in questione ed evitare di parlare in generale come per esempio "Qualcuno apra la finestra" sostituendola con "Piero, apri la finestra".

Inoltre ovviamente deve essere priva di doppi sensi, priva di menzogna e cattiva fede, priva di ironia, sarcasmo, minacce, ricatti, collera, persecuzione, vittimizzazione, colpevolizzazione.

Rispettosa significa capace di rispettare la sensibilità delle altre persone, umile in relazione a quanto ci è sconosciuto.

Leggera significa che deve tendere a fare sentire più leggere le persone dopo avere espresso il concetto, avere contribuito a togliere un peso alla vita.

Coincisa significa sfrondata di tutti gli orpelli linguistici, intercalari, per essere chiara e comprensibile, inequivocabile nell'esposizione.

Precisa significa inserire dei valori matematici, specifici, le componenti che spesso si ritengono ovvie ma che per gli altri sono sconosciute come per

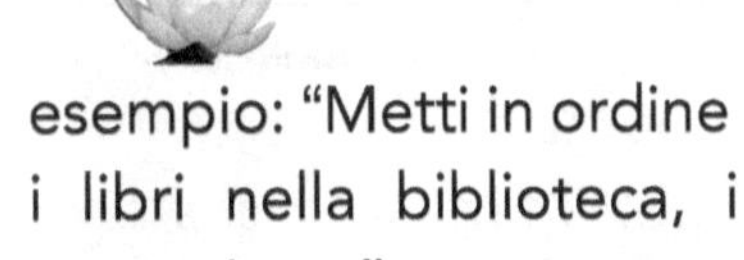

esempio: "Metti in ordine la scrivania" significa "metti i libri nella biblioteca, i fogli in ordine dentro il contenitore", oppure "Accendi la luce con l'interruttore posto dietro la porta di destra" ecc. secondo la propria percezione di ordine.

Per ogni persona la rappresentazione della realtà è personale, quindi i concetti di ordine, armonia, giustizia, ecc. posseggono sfumature individuali. Quando vogliamo comunicare dobbiamo sempre essere specifici in quello che per noi è il concetto che esprimiamo; solo in quel caso possiamo essere compresi!

Mai entrare nel modello di "fare questo così lui capirà e farà quello". Normalmente l'altro non capisce e farà l'opposto di quello che ci si aspetta e quindi nascono dei malintesi inutili.

Quindi la cosa migliore è essere diretti e specifici.

Il buon senso, la logica, la riflessione, sono del tutto insignificanti nelle relazioni perché sono valori personali, individuali, maturati dall'esperienza individuale e coltivati dalla sensibilità personale! Il buon senso per un Punk è tenere un altoparlante a 90 decibel acceso nel bagno, per un meditativo è chiudere la porta per non sentire il rumore assordante di una foglia che cade fuori dalla stanza!

Quindi quando si parla si deve dire "Per me, secondo la mia esperienza.... Ho piacere che...."

Questo vale soprattutto per le coppie.

Molti pensano che l'altro, solo per il fatto che si sta insieme da 20 anni, capisca qualcosa di lui.

Fantascienza!

Ogni persona capisce dell'altro quello che si immagina nella sua fantasia e dalle sue esperienze che l'altro possa pensare o desiderare.

Io, una coppia la immagino come due persone su di un bus in una delle strade di montagna dell'India a 5000 metri con baratri, buche, imprevisti continui. Ci si accompagna, ci si stringe la mano nei momenti difficili, si spinge insieme il bus quando si rompe il motorino d'avviamento, ma non si sa niente dell'altro, anche perché spesso noi per primi non ci conosciamo, e se non ci conosciamo come possiamo pretendere che gli altri ci conoscano?

Quindi ecco l'importanza di essere umili nella comunicazione, sapere che quello che diamo per scontato, perché appartiene alla nostra esperienza di vita, può essere un universo incomprensibile per gli altri che merita cura, sensibilità, calibratura e verifica.

Le parolacce sono molto contagiose, sono spesso usate come stampelle per comunicare ed invece diventano delle sbarre di una prigione che limita la comunicazione. Le parolacce esprimono la difficoltà di una persona, i suoi tics, i suoi disagi, ma dopo poco

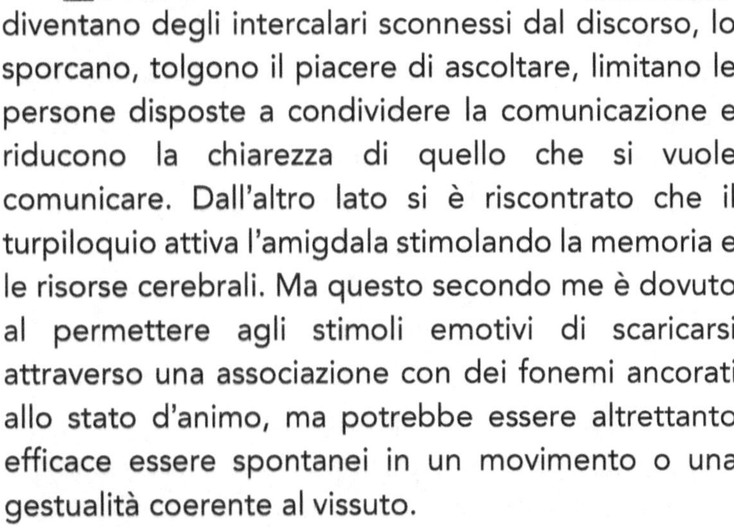

diventano degli intercalari sconnessi dal discorso, lo sporcano, tolgono il piacere di ascoltare, limitano le persone disposte a condividere la comunicazione e riducono la chiarezza di quello che si vuole comunicare. Dall'altro lato si è riscontrato che il turpiloquio attiva l'amigdala stimolando la memoria e le risorse cerebrali. Ma questo secondo me è dovuto al permettere agli stimoli emotivi di scaricarsi attraverso una associazione con dei fonemi ancorati allo stato d'animo, ma potrebbe essere altrettanto efficace essere spontanei in un movimento o una gestualità coerente al vissuto.

Insomma, le parolacce sono dei virus della comunicazione, come arrivano le si devono immediatamente combattere ed eliminare. Allora si ritrova la leggerezza del discorso e torna il piacere di dialogare.

Mai sovrapporsi agli altri nella comunicazione! Questa è una delle forme maggiori di inciviltà, come una persona inizia a parlare un cafone inizia a parlare sopra, in questo modo non capisce cosa sta spiegando la prima persona e non risponde a tono con le conseguenze di minare una possibilità di comprensione reciproca.

Quindi si deve aspettare che l'altro completi la sua esposizione coincisa, è corretto chiedere di essere coincisi, e si risponde a tono.

Spesso si ha l'impressione che complicando il linguaggio si appaia più intelligenti, letterati, istruiti. In pratica l'unico effetto che si manifesta è quello di ridurre la possibilità di essere compresi dagli altri e quindi favorire incomprensioni future.

Altre persone rifiutano di parlare perché secondo loro gli altri "devono capire", se si scava si scopre che "loro" sono i primi a non capire gli altri.
Nessuno può capire gli altri, si possono dedurre dei comportamenti automatici, indotti, ma il profondo è inaccessibile al mondo. In ipnosi si scoprono delle personalità opposte a quella che appare, aspirazioni opposte, esigenze completamente diverse da quelle che appaiono visibili. Perciò chiedi sempre cosa vuoi!
Di base secondo le nostre aspettative personali e consapevoli (quelle inconsce ci sono ovviamente nascoste) l'unica comunicazione corretta è quella **verbale, semplice e verificata**.

Quindi si deve sempre comunicare per esprimere come ci si sente, di cosa si ha bisogno e cosa temiamo o ci da fastidio.

La complicazione aumenta: molte persone sono dislessiche e mentre pensano ad una parola il cervello ne fa uscire un'altra. Se quello che esce è

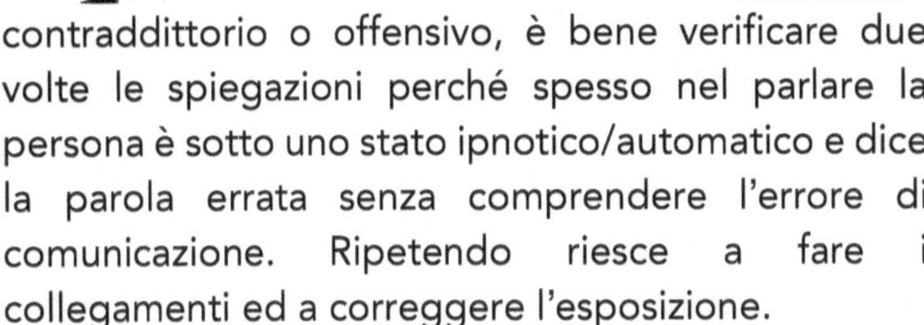

contraddittorio o offensivo, è bene verificare due volte le spiegazioni perché spesso nel parlare la persona è sotto uno stato ipnotico/automatico e dice la parola errata senza comprendere l'errore di comunicazione. Ripetendo riesce a fare i collegamenti ed a correggere l'esposizione.

Quindi la comunicazione più è semplice, con una costruzione sintattica elementare, e più breve, più è comprensibile.

Un ulteriore nemico della chiarezza sono i doppi sensi, che sono i nemici della correttezza, perché sono tentativi subdoli di manipolare gli altri.
Es: "Si arriva sempre presto..." che vuol dire "Sei sempre in ritardo!".
Sono delle affermazioni esplicite di un comportamento che per il tono, la cadenza, il ritmo, fanno passare un messaggio implicito opposto.
Mandano in confusione chi ascolta e lo mettono in una condizione di disagio che a sua volta rimbalzerà su chi ha proposto il doppio senso con litigi interminabili.

In questo caso è indispensabile interrompere subito il meccanismo con queste **affermazioni chiarificanti**:

Non capisco cosa vuoi da me,
Cosa vuoi da me?
Cosa ti aspetti da me?
Cosa devo comprendere?
Cosa vuoi che faccia?
Cosa mi vuoi dire?

Poi è anche importante comprendere se chi parla fa un'affermazione, ordina o pone delle domande. Si deve evitare questa confusione.
L'ordine deve essere eseguito, la domanda può avere come risposta il sì o il no.

Il **NO** è un diritto fondamentale di ogni essere, abbiamo il diritto di usarlo soprattutto alle domande.
Ogni domanda presuppone un sì o un no.
Siamo autorizzati a dire no, senza dare delle scuse. Le scure si danno solo quando si è nel torto.

In caso di disagio si può dire:
"No, per dei motivi che non posso condividere".
Con insistenza da parte degli altri per manipolarci si può ripetere il NO.
La mia risposta è no.
Fuori questione, no!
Inutile insistere, no!
Ripeto, no!

E poi si può **interrompere il circolo vizioso**.

Es:

Voglio stare al di fuori di questo problema/questione/ richiesta.

Ti ringrazio ma preferisco interrompere qui per evitare delle conseguenze.

Questo argomento riguarda altri.

Mi confondi con qualcun altro.

Ad altri forse, a me no!

Io mi occupo di altro, sono la persona sbagliata per te.

Io evito le persone che si comportano come te.

(ci si rivolge al comportamento, non alla persona).

Perché ti comporti in modo insopportabile/inaffidabile?

Mi sento a disagio con te, ho la sensazione che tu voglia / provi questo con me, è questo o è altro?

Per le relazioni di coppia o interpersonali la comunicazione è ancora più complessa.

Ciascuno dei due immagina di sapere cosa pensa l'altro e prima ancora che abbia iniziato a parlare inizia a rispondere senza ascoltarlo nei particolari.

Ci si parla sopra (un orrore disgustoso sono le trasmissioni televisive politiche o i dibattiti dove si vede la massima espressione della depravazione comunicativa dove litigano dicendo le stesse cose).

Per comunicare si deve:

1) Fare un'affermazione

2) Rispondere: "Mi sembra che tu mi abbia detto che..."

3) Rispondere: "Si, ti ho detto che..." Oppure "No, ti ho detto che..."

Si procede fino a quando si conferma la correttezza della comprensione.

Solo allora si passa all'affermazione successiva.

È importante comunicare senza coinvolgere giudizi ed interpretazioni personali dell'altro ma solo limitandosi a **descrivere i fatti**.
Es: Io vedo che, è successo che, sono capitate queste cose, ieri ti aspettavo alle 3 e sei arrivato alle 4...
Poi fare delle domande corrette, sempre senza scivolare nell'interpretazione del vissuto altrui.
Perché, dove, come...

Procedere fino a chiarire, se possibile e definire i due punti di vista con quello che si percepisce personalmente, in modo da elaborare insieme nuove possibilità di comprensione e di alleanza secondo la regola del Win Win, cioè essere entrambi vincitori, entrambi arricchiti dall'esperienza.

ATTENZIONE!

Un ulteriore avvertimento. Negli anni ho osservato che uno dei comportamenti peggiori è accusare gli innocenti, mancare di rispetto a chi è onesto o candido.

Non conosco la ragione ma sembra che si smuovano delle energie che si ribaltano contro chi le ha emesse in modo molto pesante.

Potremmo paragonare chi compie questi soprusi ad una persona che spinge l'altalena con un bambino "candido" violentemente in avanti per fargli paura e poi incurante resta sul posto e si distrae. Quando l'altalena torna indietro lo colpirà inevitabilmente ferendolo in vario modo.

Quello che si lancia ritorna indietro, normalmente quando non lo si aspetta, anche dopo anni!

Quindi la regola che consiglio in chi ha l'onore di sentirsi appartenente al pensiero della Naturologia Epigenetica è:

Mai giudicare e condannare senza avere verificato e compreso a fondo cosa è successo nel pensiero e nelle emozioni di una persona; mai fare dei torti ad un innocente e mai turbare o accusare un puro.

In questo modo si evitano di mettere dei semi di sofferenza presente e futura verso gli altri e (di ritorno) verso di noi!

Un altro elemento importante consiste nel tirare le briglie al cavallo della nostra mente.

Se si monta un cavallo, lui spontaneamente ci porterà dove vuole, solo se sappiamo calibrare correttamente le briglie, saremo noi a dirigerlo dove vogliamo. È importante condurre il discorso verso la leggerezza, la chiarezza, il meglio.

Alcune persone si sentono a disagio a fare così perché hanno la sensazione di manipolare gli altri. Temono di fare artefatti se conducono le persone verso spazi di comunicazione allegri e vitali quando rimuginano malesseri.

È importante ricordarsi che in realtà **tutto quello che non è serenità, gioia, pace, è un artefatto**. Quindi quando noi portiamo l'attenzione altrui sulla serenità, allegria, pace, distruggiamo una bugia! **Distruggiamo l'artefatto della sofferenza per riconnetterci con la verità, la sincerità e l'amore.**

FIORI PER LE EMOZIONI E LE RELAZIONI

Se vuoi, contemporaneamente, puoi aiutarti con qualche **fiore di Bach** per le relazioni con gli altri:

Ci si sente abbandonati dopo tutti i sacrifici fatti per gli altri: Chicory
Paura di essere rifiutati: Aspen
Inavvicinabili per inattaccabilità: Water violet
Inavvicinabili per la sensazione che si dà agli altri: Water violet.
Vuole rompere i legami: Walnut - Honeysuckle
Cuore indurito o infranto: Holly
Perdita del coniuge dopo anni: Olive - Star of Bethelem
Per superare la perdita del coniuge: Honeysuckle
Incapace di dire NO: Centaury
Non si sopporta il no degli altri: Beech
Non sopporta la consolazione: Star of Bethlehem - Gorse
Gelosia: Holly
Invidia: Holly
Ira: Cherry plum - Holly
Permaloso: Chicory
Gratitudine mancante: Willow
Vendicativo: Holly
Noia: Wild Rose
Alternanze emotive: Scleranthus

Sospettoso che si isola: Holly
Scettico che mette tutto in discussione: Gentian
Frustrati aggressivi: Holly
Niente vale la pena: Wild Oat

Martiri di una situazione ingiusta se si è trascurati dagli altri: Heather - Willow
Ci si sente responsabili delle colpe altrui: Pine
Si pensa di non essere amati veramente: Chicory - Willow
Ci si sente il cuore infranto: Holly
Ci si sente dominati: Cerato
Ci si sente esclusi dalla vita normale: Mustard
Ci si sente estromessi: Chicory
Ci si sente feriti: Holly
Ci si sente senza via d'uscita: Willow
Si pensa che si può uscire da una situazione solo con la violenza: Cherry Plum
Vuol dominare: Vine
Non si sopportano gli errori degli altri: Beech - Rock Water
Bisogno continuo di aiuto: Heather
Bisogno di essere amati: Chicory
Cerca la compagnia per parlare dei propri affari: Heather
Possessivi verso chi si ama: Chicory
Cerca la compagnia perché è evitato dagli altri: Heather

Compagnia che stanca: Mimulus

Rancore, non riesce a perdonare: Willow

Voglia di suicidarsi: Clematis, Gorse, Sweet chestnut, Cherry plum

Ci si sente impazzire come da suicidarsi: Cherry Plum

Senza pace: Agrimony

Paura della solitudine: Mimulus,

Percezione della solitudine negli anziani e nei vedovi: Honeysuckle

Solitudine dell'infanzia con dolori segreti: Agrimony

Si trovano gli altri stupidi: Cerato

Ci si sente superiori: Vine

Ci si sente impotenti: Larch

Ci si sente trattati ingiustamente: Willow

Ci si sente responsabili delle colpe altrui: Pine

Si pensa di essere dei poveretti: Willow

Ci si sente bersagliati da forze occulte: Walnut - Aspen

Si pensa di avere ereditato influenze negative: Wild Rose

Si trovano gli altri troppo lenti: Impatiens

Ci si sente letargici: Wild Oat

Ci si sente vittime degli altri: Willow

Ci si sente trascurati dagli altri: Heather

Si pensa che gli altri siano inaffidabili: Scleranthus

Controlla ma non vuole essere controllato: Chicory

Oscillazioni bipolari: Scleranthus, Mustard

Bloccati nelle abitudini e riti: White chestnut, Rock Water, Mountain Pennyroyal.

Tra i fiori californiani per le **ferite d'amore**, i cuori infranti, le separazioni, favorisce il distacco: Fumaria

Tra i fiori Italiani della "Flos animi" ricordo:

Oro: aiuta la persona a mantenere e ripristinare un buon livello energetico, creando un nucleo protettivo; utile quando si è particolarmente stanchi o si frequentano luoghi e persone energeticamente negative.

Aquilegia: utile a chi necessita di imparare la lezione dell'umiltà, imparando ad apprezzare gli altri e riconoscere i propri limiti, superando orgoglio e presunzione.

Betulla: sostiene chi ha bisogno di sostegno per compiere il passo verso il cambiamento e superare situazioni di vita particolari, utilizzando creatività e originalità.

Biancospino: per coloro che si lasciano facilmente influenzare e non riescono ad individuare i propri obiettivi, manifestando di conseguenza notevoli difficoltà nel manifestare se stessi.

Cappero: per le persone che a causa della loro eccessiva rigidità interiore manifestano incertezza ed indecisione di fronte alle scelte.

Ciliegio: per le persone sempre alla ricerca di qualcosa

in grado di soddisfarli e che hanno bisogno di comprendere che la loro insofferenza ed inquietudine potrà placarsi solo in seguito al ritrovamento di se stessi, e non grazie a qualcosa di esterno a loro.

Gelsomino: utile per le persone molto critiche, gelose, invidiose e che tendono a trattenere rancori e risentimenti, affinché imparino a manifestare generosità, altruismo, nonché acquisiscano la capacità di assumersi le responsabilità delle proprie azioni.

Limone: aiuta a vivere nel presente, abbandonando sia i dolori del passato che le ansie per il futuro.

Mandorlo: indicato a chi ha bisogno di avere più determinazione e forza di volontà per raggiungere i propri scopi, mantenendone saldo l'intento d'azione.

Pesco: per le persone che vivono la vita in maniera pesante, facendosi sempre carico di mille impegni e obblighi a causa di un eccessivo senso del dovere, affinchè possano vivere una vita più serena e spensierata.

Pinguicola: per coloro che si sentono bloccati da ostacoli spesso non ben definiti e si sentono stretti all'angolo senza una via d'uscita, affinché possano nuovamente percepire il senso di possibilità che invece è sempre presente nella vita di ciascuno.

Pioppo nero: per chi soffre di paure, ossessioni, fobie sia reali che immaginarie, ma che in entrambi i casi vengono percepite come dannose per se stessi.

Potentilla: questo rimedio aiuta a far riacquistare

fiducia in se stessi a coloro che hanno perso la fede in se stessi e non pensano di valere abbastanza. **Primula**: per tutti gli inizi e tutte le persone che si ritrovano ad essere pioniere nelle esperienze della vita, al fine di avere la forza e l'energia per tradurre il sogno in realtà.

Rododendro: dona calma e serenità mentale a chi è tormentato da un'attività mentale logorante e che gli crea una realtà falsa o comunque distorta. **Rosmarino**: ridona energia e vitalità a chi a causa di eventi particolarmente pesanti o lunghe malattie, si sente debilitano e senza forza.

Sambuco: indicato per le persone molto introverse che tendono ad avere difficoltà nella comunicazione, ad essere troppo seri e a vivere in solitudine, affinché possano riscoprire la gioia di una profonda comunicazione con gli altri.

Veronica: aiuta a far recuperare buon equilibrio e stabilità dell'umore di coloro che tendono a risentirsi per ogni cosa gli venda detta, vivendola come una critica e una minaccia diretta alla propria individualità, tutto ciò poiché travisano o fraintendono ciò che viene loro detto.

Puoi fare di meglio, trova un'alta soluzione...
Luigi Marchese

Nella visione naturologica, **ogni persona** è
importante.
Se è incapace a fare qualcosa, si rispetta la sua
incapacità o mancanza di talento.
Se si può ci si sostituisce qualora si possiedano le
capacità che le mancano o si opera per renderla abile.
Ogni persona ha delle predisposizioni e delle
incapacità,
il naturologo aiuta a sviluppare le predisposizioni,
e protegge gli altri dalle loro incapacità.

PORTIAMO ARMONIA IN NOI

Nella visione taoista in ogni nostro organo sono presenti delle "anime" che li armonizzano nell'insieme del corpo.

Ciascuna "anima" ha una personalità ed un ruolo.

La milza contiene lo I che è la logica, la capacità analitica; il rene lo Zhi che è la volontà e determinazione; il cuore lo Shen che è l'aspetto più spirituale, più elevato di una persona.

Poi iniziano a complicarsi le cose:

il polmone ha 7 "anime" correlate alla Terra che hanno per la loro natura attrazione alla dissoluzione del corpo, quindi i vizi, passioni, emozioni instabili, turbamenti ecc.

Dall'altro lato il fegato ha 3 Hun che sono "anime" che agiscono in nostro soccorso con la gentilezza, cercano di farci evolvere e di contrastare le 7 forze "gravitazionalli" dei polmoni.

Gli alchimisti cinesi prendevano pillole e preparati misteriosi per contrastare queste energie pesanti e vivere più a lungo.

Noi nella Naturologia Epigenetica usiamo invece un metodo molto più semplice che ho constatato che produrre dei buoni risultati in chi riesce ad **essere**

veramente aperto e disponibile ad accogliere il buono in sé.

Per fare questo utilizzo la meditazione dell'arcobaleno.

L'arcobaleno contiene tutti i colori, per cui visualizzandolo in noi, invitiamo il corpo a scegliere il colore che gli piace di più ed usarlo per riportare armonia.
A questo associamo la **gratitudine, l'amore, il rispetto.**

In pratica fai tre respiri lenti e profondi, se vuoi puoi mettere le mani sul fegato in segno di affetto e gratitudine per il lavoro che svolge continuamente per te, immagina un meraviglioso arcobaleno che lo attraversa e lo avvolge. Ringrazia e benedici.
Resta qualche minuto ad accrescere la sensazione di amore, di gratitudine, di leggerezza.
Ringrazia e benedici anche le anime dei polmoni. Loro svolgono il loro ruolo. Porta l'arcobaleno anche su di loro e respira immaginando la freschezza dell'aria dopo la pioggia e il delicato vapore di pioggerellina che accoglie l'arcobaleno.
Ti accorgerai che molti brutti pensieri e stati d'animo si dissolvono e svaniscono mentre ritrovi la serenità.

GAIA FAMILY ASHRAM

Una vita vissuta insieme agli altri acquista un senso maggiore se permette di condividere non solo le esperienze fisiche, ma anche la conoscenza, i sentimenti e le percezioni spirituali nel massimo rispetto reciproco.

Ringrazio il mio maestro Babaji per avermi sostenuto nel fare un salto di paradigma tra le esperienze precedenti la sua conoscenza ed il dopo.

Sono passato attraverso alcuni inferni mentali per conoscere il potere distruttivo dei sistemi di credenza e della mente e per elaborare gli antidoti in modo che potessero aiutare tutte le persone scelte dalla Vita per trarne beneficio. Sono molto riconoscente a queste esperienze così intense.

Certi percorsi sono personali e non trasmissibili, però frequentare persone che hanno fatto l'esperienza, che hanno fatta propria una conoscenza aiuta sicuramente molto, passa qualcosa di sottile e anche una conoscenza non trasmissibile con le parole.

Lama Norbu insisteva su questo punto: la grande conoscenza non passa con le parole, è più elavata; le parole cercano di tradurre dei concetti, ma sono più limitate; in effetti l'esperienza coinvolge tutti i sensi e vari livelli di percezione, le parole solo due livelli: quello visivo e quello auditivo. Poi è la nostra immaginazione che le colloca nei nostri mondi suggestivi e ci da la sensazione di avere vissuto l'esperienza.

Per cui usa i libri e le parole ma soprattutto sperimenta, solo sperimentando puoi comprendere dov'è il buono per proteggerlo e coltivarlo.

Babaji, la mia guida Himalayana insisteva sul fatto che dobbiamo creare dei grandi Ashram per vivere insieme e dare vita alla nuova Umanità: una umanità umana!

L'Ashram è un luogo dove persone rispettose si riuniscono per vivere insieme per celebrare la sacralità della vita.

È oltre il concetto di religione, è la percezione che siamo tutti parte della stessa essenza; noi le piante, gli animali, la terra, l'universo, siamo una sola cosa.

Nel 2019 mentre mi trovavo in una grotta in India a meditare su dove creare un Ashram, ho avuto l'"illuminazione!".

Noi **siamo già nel più grande Ashram** del sistema solare! Si chiama Pianeta Terra!

Terra è chiamata anche Gaia o Gea, intesa come un essere vivo, una potenza sacra e divina. L'omeostasi di

tutte le reazioni chimiche permette grazie a **continui feed back** la vita degli esseri che la abitano.

Noi siamo parte di queste dinamiche ed **abbiamo la responsabilità di questo prezioso pianeta che ci ospita**, che ci accoglie e che ci nutre.

Il principio che ho definito per vivere insieme è Win Win Win, cioè io posso vincere nella vita solo se vinci anche tu e vince la natura.

Tutto diventa semplice con questi presupposti, senza contrapposizioni ma in un flusso di solidarietà, di collaborazione e di sostegno reciproco per vivere una vita insieme, degna di essere vissuta.

La regola è semplice, riconosci ogni elemento disturbante mentale ed emotivo che arriva dal passato, dai tuoi avi, da altre vite, rispettalo e permettigli di essere riconosciuto e placato.

Agisci con le conoscenze a disposizione per integrarlo e lascialo andare per focalizzarti sulle energie più nobili, sui talenti.

Ricordati che siamo tutti rotti per cui chi ha una capacità deve sopperire a chi non ce l'ha! Evita di sfidare gli altri per dimostrare che in certe cose sono incapaci o negati; lo sappiamo già che è così!

Fai un salto di paradigma e diventa un coach per lui, sostienilo ad esprimere quello che per lui è innato.

In questo modo possiamo inserirci tutti come in un puzzle, ciascuno con le proprie competenze, conoscenza, abilità e diventare una società forte e potente fondata sul rispetto, amore, gratitudine; una società capace di benedire e vivere una sacralità vera, perennemente connessa con la Luce, la leggerezza, la gradevolezza ed il volerci bene, accogliendoci così come siamo.

CONCLUSIONI

Chi conosce gli altri è sapiente,
chi conosce sé stesso è illuminato.
Lao Tzu, *Tao Te Ching, ca. V sec. a.e.c.*

Siamo in un sistema complesso con infinite variabili.
Anche se tutto attorno è caos e incoerenza, noi possiamo, con l'attenzione o con la nostra immaginazione, **creare il paradiso nel nostro piccolo spazio e condividerlo con gli altri.**

La **Naturologia Epigenetica** è una collaborazione per migliorare la qualità della vita. Gli altri sono il bene più prezioso per procedere: generando un benessere collettivo miglioriamo il nostro.
Comunicando meglio tutto sarà più facile e la nostra vita sarà meravigliosa.
È chiaro che ogni teoria è sempre parziale e deve essere collocata con il dovuto rispetto verso l'imponderabile.
Comunque, **noi possediamo la capacità di scegliere in ogni istante a cosa credere.**
Possiamo credere alla verità, a quello che percepiamo con i sensi, a quello che emerge dal nostro profondo o alle bugie, alle fandonie, a quello che ci hanno detto gli altri.
Come conseguenza di quello in cui scegliamo di credere coltiveremo dei valori che ci porteranno ad agire ed esprimerci in modo da stimolare gli altri a risponderci di conseguenza, con lo stesso tono, la stessa intensità, un certo punto di osservazione.

Gli altri sono spesso la proiezione del nostro punto di osservazione, di quello in cui crediamo, di quello di cui vogliamo convincerci di credere e convincere gli altri che crediamo.

Facilmente si entra nella routine, ma possono arrivare degli imprevisti che da un momento all'altro ci spiazzano.

Normalmente più cose si conoscono e più si è specializzati, più le prove sono complesse per temprarci secondo il nostro livello e grado di conoscenza e capacità.

In questo processo gli altri sono il nostro specchio, i nostri maestri, allenatori, sono coloro che ci fanno da confronto per testimoniare che siamo vivi.

Gli altri manifestano quella parte di imprevedibilità che teniamo stretta in noi, quella parte di trasgressione o monotonia, di banalità, di giudizio da quali vorremmo fuggire e che invece scalpita per emergere.

Gli altri non sono altri, sono proprio quelli che il nostro inconscio ricerca, stimola, rincorre per potere dire all'esistenza quello che non siamo in grado di dire e di manifestare o che siamo in grado di condividere.

Solo un **profondo atteggiamento di rispetto e di gratitudine** verso i nostri simili permette di aprire la porta misteriosa con l'universo che ci abita e dirimere la matassa, trovare il capo del filo che ci porta verso un mondo speciale, quello che vorremmo vivere.

Tu per primo sei l'artefice di questa magia!

In *"Verità, Semplicità ed Amore"*, tutto è più facile. Ringrazio il mio Maestro Indiano Haidakandi Babaji per avere messo nel mio cuore i semi dei valori preziosi in cui credeva: vivere in verità, semplicemente come si è, senza strutture, senza stampelle prese in prestito da altri, essere schietti ma con discrezione e sensibilità verso gli altri facendo attenzione a evitare di turbarli o ferirli, amandoli come una parte di me stesso, una parte inseparabile, preziosa come la mia stessa vita.

Soprattutto mi ha trasmesso il concetto di **Karma Yoga**, cioè il **lavoro dedicato a D-o, senza aspettative,** fatto per il piacere di farlo, di mettere a disposizione i preziosi talenti che la Vita mi ha affidato affinché li utilizzi per il bene di tutti, senza aspettative di un ritorno, di un guadagno, dedicati al Creatore che li ha selezionati apposta per me, con tutte le qualità, esperienze per manifestare il Suo progetto d'amore per la Sua creazione.

Mi piace credere in questo modo e lo propongo per chi pratica la Naturologia Epigenetica, perché negli anni ne ho visto la potenza, la forza, l'energia incredibile che ne deriva e perché ha reso la mia vita un percorso continuo di stupore e meraviglia, una magia continua.

Ogni posto diventa un'occasione per mettere un seme di magia, di serenità, di felicità.

Con questa ricchezza interiore, sei libero dagli orari, dalla fatica, dall'osservare quello che fanno gli altri, sei solo te davanti a D-o ed insieme procedete fino a crollare esausto ed andare a dormire ricolmo di felicità perché hai usato appieno il sacro flusso creativo che D-o vuole esprimere attraverso di te.

Il buono ed il cattivo si dissolvono, esiste solo il manifestare nella gioia e nella felicità il meglio che l'anima, la persona, lo spirito, il corpo, come dei bambini irrefrenabili vogliono esprimere.

Tutto in un miglioramento continuo, in una gioia a scoprire gli errori e come dissolverli.

Quando ci riesco ne gioisco, quando l'imprevedibile mi trova impreparato dico subito "Signore ti ringrazio perché con questo ostacolo o imprevisto mi sposti altrove, **sicuramente hai un progetto fantastico migliore per me**! Sicuramente vuoi che lasci andare il mio attaccamento a questa cosa che stavo facendo o a questa persona, ora mi riapro alla tua prosperità,

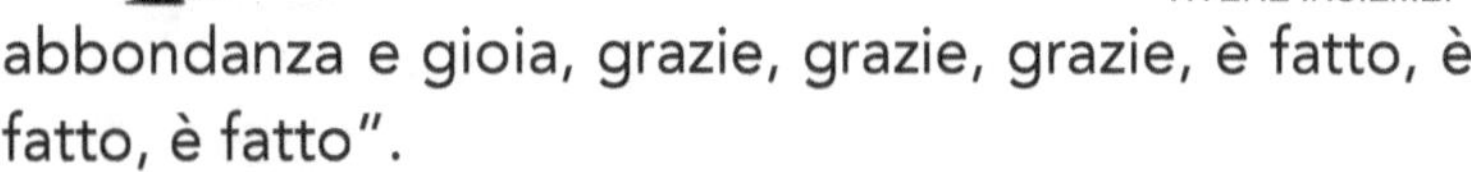

abbondanza e gioia, grazie, grazie, grazie, è fatto, è fatto, è fatto".

Eccomi nuovamente connesso con la mia essenza immortale di predestinazione alla felicità, all'abbondanza, alla serenità.

Ora fai come vuoi, se ti piace questa visione, sei libero di coglierla e di metterla nel tuo universo di credenze, libero dagli attaccamenti e pervaso di felicità.
Grazie per esistere!

Questo è il mio "interessante" punto di vista.

Quali cose straordinarie possiamo realizzare insieme?

C.C.E.A.

La donna cerca di cambiare l'uomo
L'uomo di cambiare le donne...
Francesco Valperga 2013

In questo piccolo manuale abbiamo visto insieme qualche possibilità per trasformare la nostra vita e renderla più leggera nelle relazioni con gli altri.

Per smantellare dei sistemi di credenza che possono rendere la vita difficile e faticosa nei testi della **C.C.E.A.,** Coherent Cognitive Emotional Action, puoi trovare ulteriori strategie per alleggerire ed ammorbidire delle posizioni rigide. La CCEA aiuta ed accogliere dei nuovi sistemi in cui credere più vantaggiosi per la propria ed altrui serenità.
In Amazon trovi la collana dei libri Self Casregiver di Pierfrancesco Maria Rovere per approfondire i vari temi.
Per saperne di più vai su:
www.naturologiaepigenetica.com

Io sono me stesso
Unico
Centrato
Appartengo alla Creazione
Infinito
Protetto
Nella Luce del nulla.
Grazie, grazie, grazie.
È fatto, è fatto, è fatto!

Ed ora posso condividere la vita con gli altri
nella felicità di D-o.

BIBLIOGRAFIA

Quale meraviglioso contributo posso essere
alla tua esistenza per migliorare
la qualità della nostra vita?

PROPEDEUTICI

Pierfrancesco M. Rovere: "Biosalute e Naturologia" Etimpresa ed. 2006

Pierfrancesco M. Rovere: "Naturologia Epigenetica" Etimpresa ed. 2012

Pierfrancesco M. Rovere: "Comprendere la naturologia" Etimpresa ed. 2013

0W – Pierfrancesco M. Rovere: "Benedizioni mistiche universali" Etimpresa ed. 2018

∞W – Pierfrancesco Maria Rovere: "Felicità con le Benedizioni mistiche universali". Etimpresa 2018

52W – Pierfrancesco Maria Rovere: "Dolore Via!". Etimpresa 2019

PROCEDURE BASE

COLLANA W – Win Win Win di Naturologia Epigenetica

1W- Pierfrancesco M. Rovere: "How To Prevent?" Etimpresa ed. Ebook 2017

2W - Pierfrancesco M. Rovere: "Caregiver migliora la qualità della tua vita e diventa un Preventer Self-Caregiver" Amazon 2020

3W - Pierfrancesco M. Rovere: "TDP Test Deduttivo di Probabilità, la scienza dei feed back per stare meglio" Amazon 2020

4W - Pierfrancesco M. Rovere: "TDP e recettori" Amazon 2020

5W - Pierfrancesco M. Rovere: "TDP Aria Acqua" Amazon 2020

6W - Pierfrancesco M. Rovere: "TDP IDENTITY" Amazon 2020

7W - Pierfrancesco M. Rovere: "TDP GRAVITY" Amazon 2020

8W - Pierfrancesco M. Rovere: "Win Win Win ART" Etimpresa ed. Ebook 2017

9W- Pierfrancesco M. Rovere: "TDP Rainbow" Amazon 2020

10W: Pierfrancesco M. Rovere: "TDP Wave Tides" Amazon 2020

11W - Pierfrancesco M. Rovere: "Voglio Vivere" Etimpresa ed. Ebook 2017

12W - Pierfrancesco M. Rovere: "Messico CATRINA – vite e morte" Amazon 2020

13W - Pierfrancesco M. Rovere: "Naturologia Epigenetica Civica"

14W - Pierfrancesco M. Rovere – Myriam LOPA: "Come superare il lutto? R.E. Rigenerazione Evolutiva:" Etimpresa ed. Ebook 2018

15W – Pierfrancesco Maria Rovere, Arianna Romano: "REIKI GRATITUDE e EVOLUTION" Etimpresa 2019 – e "REIKI GRATITUDE ed Evolution 2" Amazon 2020

16

W - Pierfrancesco M. Rovere: "SOStegno alla rinascita" Etimpresa ed. - Ebook 2016

SOCIOLOGIA NATUROLOGICA

20W - Pierfrancesco M. Rovere: "Felicità e Benessere" Etimpresa ed.2008

21W - Pierfrancesco M. Rovere: "Sai che 6 un PRINCIPE?"

22W- Pierfrancesco M. Rovere: "I segreti per vivere meglio" Etimpresa ed. Ebook 2016

23W - Pierfrancesco M. Rovere: "Vivere con gli altri?" Etimpresa ed. 2013

24W - Pierfrancesco M. Rovere: "Felicitologia"

25W - Pierfrancesco M. Rovere: "Perfect Life"

26W - Pierfrancesco M. Rovere: "Codice Etico e Deontologio di Naturologia Epigenetica e Preventer Self-Caregiver"

SOSTEGNI ALLE CREDENZE

30W Pierfrancesco M. Rovere: "Tarots" Etimpresa ed. Ebook 2016

31W Pierfrancesco M. Rovere, Giovanna Tolio: "Sono un fiore, I Fiori Italiani" Etimpresa ed. 2014

32W - Pierfrancesco M. Rovere: "Teopneutica" Etimpresa ed. Ebook 2017

33W - Pierfrancesco M. Rovere: "Tu sei un eletto" Etimpresa ed. Ebook 2017

34W – Pierfrancesco M. Rovere: "Tu sei unico e speciale" Etimpresa ed. Ebook 2017

PER MIGLIORARE LA QUALITA 'DELLA VITA

40W - Pierfrancesco M. Rovere, Arianna Romano: "I segreti di Wu" Etimpresa ed. 2014

41W - Pierfrancesco Maria Rovere – Giovanna Tolio: "Io sono un fiore" Etimpresa ed.

42W - Pierfrancesco M. Rovere, Kim Jones: "Gravity Dance" Etimpresa ed. Ebook 2017

43W - Pierfrancesco Maria Rovere: "Esercizi di Naturologia" Etimpresa ed.

44W - Pierfrancesco Maria Rovere: "Cantina e rancore" Etimpresa ed. Ebook 2013

45W - Pierfrancesco Maria Rovere: "Scopri il segreto dell'amore" Etimpresa ed. Ebook 2013

46W - Pierfrancesco M. Rovere: "Amica Urina" Psiche ed. Torino 1999

47W - Pierfrancesco M. Rovere: "Autoguarigione" Psiche ed. Torino 1999

48W - Pierfrancesco M. Rovere: "Relaxologia, Sabotaggiologia e Rilassamentologia" ed. Torino 2017

49W - Pierfrancesco M. Rovere: "Felicità, Sesso consapevole, misticismo e castità" ed. Etimpresa Torino 2017

50W – Arianna Romano "Reiki Evolution"- Amazon 2020

COLLANA A - ACCADEMIA DI ECCELLENZA

A1 - Pierfrancesco M. Rovere: "Kinesiologia e Naturologia" Marrapese.

A2 - Pierfrancesco M. Rovere, Valeria Montis: "Agopuntura Epigenetica" Etimpresa ed. 2010

A3 - Pierfrancesco M. Rovere: "Agopuntura Kinesiologica Placebo e Naturologia" Etimpresa ed.2009

A4 - Pierfrancesco M. Rovere: "Guida di Agopuntura Epigenetica" Etimpresa ed. Ebook 2015

A5 - Pierfrancesco M. Rovere: "AURICOLO e Fotopercezione" Etimpresa ed. Ebook 2016

A6 - Pierfrancesco M. Rovere: "Neurokinesiologia" Etimpresa ed. Ebook 2016

A7- Pierfrancesco M. Rovere: "Io la penso così ed io così" Etimpresa ed. Ebook 2016

A8 - Pierfrancesco M. Rovere: "Postura etica e chiropratica posturale" Etimpresa ed. 2008

A9 - Pierfrancesco M. Rovere: "Alimentazione per cuore e vasi" Etimpresa ed. 2010

A10 - Pierfrancesco M. Rovere: "Coronarologia Epigenetica" Etimpresa ed. 2011

A11 - Pierfrancesco M. Rovere: "Dimagrire con il Dr. Rovere" Etimpresa ed. 2013

A12 - Pierfrancesco M. Rovere: "Fat War" Etimpresa ed. 2013

A13 - Pierfrancesco M. Rovere: "Stroke" Etimpresa ed. Ebook 2015

A14 - Pierfrancesco M. Rovere: "DNA DIET" Etimpresa ed. Ebook 2015

A15 Pierfrancesco M. Rovere: "Amiche Anime e CCEA" Etimpresa ed.2007

A16 - Pierfrancesco M. Rovere: "Libero dai calcoli renali" Etimpresa ed. Ebook 2015

A17 - Pierfrancesco M. Rovere: "Tumore, se lo conosci lo eviti" Etimpresa ed. Ebook 2018

A18 - Pierfrancesco M. Rovere: "Flu – Affrontare i virus" Amazon 2020 – Italiano ed Inglese.

A19 - Pierfrancesco M. Rovere: "Agopuntura Epigenetica 1 Tavole di flusso" 2020 Amazon ed.

A20 - Pierfrancesco M. Rovere: "WAWE TIDES – onde e spirali" Amazon 2020

COLLANA V - Viaggi – Pensieri in viaggio

V 1 - Pierfrancesco M. Rovere: "Creativity, I.S." Etimpresa ed.2011

V2 - Pierfrancesco: "Però il Perù" Etimpresa ed. Ebook 2012

V3 - Pierfrancesco M. Rovere: "Marocco" Etimpresa ed. 2013

V4 - Pierfrancesco M. Rovere: "Nuova Zelanda, puoi vivere bene" Etimpresa ed. Ebook 2015

V5 - Pierfrancesco M. Rovere: "Io la penso così ciok pa - Laos" Etimpresa ed. Ebook 2015

V6 - Pierfrancesco M. Rovere: "Uganda, gorilla sarai tu!" Etimpresa ed. Ebook 2015

V7 - Pierfrancesco M. Rovere: "Long life in Japan" Etimpresa ed. Ebook 201

V8 - Pierfrancesco M. Rovere: "Costa Rica e Existence Celebration Day" Etimpresa ed. Ebook 2016

Pierfrancesco M. Rovere: "Messico Catrina – Il Lutto" Etimpresa ed. Ebook 2017

V9 - Pierfrancesco M. Rovere: "Pantelleria" Amazon 2020

V10 - Pierfrancesco M. Rovere: "Lanzarote" Etimpresa ed. Ebook 2017

V11- Pierfrancesco M. Rovere: "Magie Canarie - La Gomera, Gran Canarie" Etimpresa ed. Ebook 2017

V12 - Pierfrancesco M. Rovere: "Bali e Lombok"

V13-Pierfrancesco M. Rovere: "Du Bay e Yin Yang in Naturologia Epigenetica" Etimpresa ed. 2012

V14 Pierfrancesco M. Rovere: "Il Cile e l'Isola di Pasqua"

V15 Pierfrancesco M. Rovere: "Arcipelago Campano – Procida – Ischia- Capri" Amazon 2020

Ahmad Abd Al-Jawad - Les Invocation Exaucées - Tawhid - 2006

Le livre secret del grandes exorcismes et bénédictions - Ed. Niclaus 1976

Testi di Arianna Romano

Arianna Romano: "Mo anam cara", Etimpresa ed.

Arianna Romano: "Filastrocche filosofiche", Etimpresa ed.

Arianna Romano: "Le filastrocche filosofiche vol.2". edizioni youcanprint collana Narrativa per ragazzi, 2016

Agata: "Rivelazioni bipolari", Giovanni Fioriti editori 2014

Arianna Romano: "Storie dai Regni del Sogno", Amazon ed.

Arianna Romano, Michela Chiarelli, "Segreti e leggende della magia delle fate", Il cerchio della luna ed.

Arianna Romano, Michela Chiarelli, "Il risveglio del sacro femminile creatore", Il cerchio della luna ed.

Arianna Romano: "Il gatto Henry ed i fiori di Bach". Etimpresa ed. 2017

Arianna Romano, Marco Chisotti, "Imparare l'ipnosi vivendola", Amazon ed. 2018

Arianna Romano, Marco Chisotti, "Dalla coscienza alla consapevolezza: l'ipnosi meditativa dei 5 Sé"; Amazon ed. 2019

40W - Arianna Romano, Pierfrancesco M. Rovere: "I segreti di Wu" Etimpresa ed. 2014

Libri speciali di amici speciali:

Agata: "Rivelazioni bipolari", Giovanni Fioriti editori 2014

Arianna Romano: "Storie dai Regni del Sogno". Etimpresa ed.

Arianna Romano: "Mo Anam Cara". Etimpresa ed.

Arianna Romano: "Le filastrocche filosofiche". Etimpresa ed.

Arianna Romano: "Le filastrocche filosofiche vol.2". edizioni youcanprint collana Narrativa per ragazzi, 2016

Arianna Romano: "Il gatto Henry ed i fiori di Bach". Etimpresa ed. 2017

Michela Chiarelli e Arianna Romano, "Tangenziale verso la libertà", Auralia ed. 2015

Michela Chiarelli e Arianna Romano, "Segrete leggende della magia delle fate" ed. il cerchio della Luna. 2015

Rossana Becarelli "il Corpo" ed. Sì 2008

Claudio Ronco "Racconti, apologhi e lettere d'amore alla musica". Luca Sassella Editore

Egle Bastia "La fede" Libreria Editrice Psiche 2011

Shazarahel: "DNA Ebraico", ed. Psiche 2 2011

Shazarahel: "Le tre religioni monoteiste", ed. Psiche 2 2017

Shazarahel: "Reinventare il mondo", ed. Kabbaland 2016

Shazarahel: "Il cibo oltre la materia", ed. Kabbaland 2013

Shazarahel: "Kabbalàh per vegetariani e carnivoli", ed. Psiche 2 201

Maurizio Ugo Rodriguez: "Per Bach" Una storia di vita, Etimpresa ed.

Kinesiologia e Naturologia. Etimpresa ed. 2012

Gaetano di Domenico "Cittadino dei 3 mondi" Etimpresa

Carmelo Manganaro "Vivere in Salute" ed. Minerva Medica 208

Largh Brenner "Hypertention", Raven Press N. Y.

Libia Martinengo: "Oltre il limite". Psiche 2

Maurizio Grandi: "Immunologia e fitoterapia" Tecniche Nuove 2008

Maurizio Grandi: "Curare il diabete con le piante medicinali" Tecniche Nuove 2012

Maurizio Grandi: "Cancro, l'alleanza terapeutica" Tecniche Nuove 2009

Maurizio Grandi: "Fede e scienza dentro le grandi mura" Streetlib 2015

Giacomo Bruno "Marketing Formativo" BE ed.

Giovanna Tolio e AAVV: "Amicizia Nuova energia di evoluzione" Leone ed.

Andrea Penna: "Ti permetto di fare parte di me" Uno ed. 2015

Gian Antonio Gilli: "L'Età delle Membra" autopubblicato

Alberto Peretti: "Genius Faber" ed. IPOC 2015

Busquet L: "Le catene muscolari" – Vol. IV, Marrapese – Roma

Ferrante A: "Manuale pratico di terapia miofunzionale" Marrapese – Roma

Moro F.: "Morgante, vademecum di posturopodia" – GSC

Fondazione Smith Kline "Rapporti prevenzione 2015" - Franco Angeli 2015

Carmelo Manganaro "La dieta per riparare il DNA e curare il Cancro" ed. Unimed 2015.

Raw food and redox reactions: www.dietaweb.it

Raw food and DNA repair: www.dietaweb.it

Sulla kinesiologia_
John Thie, Matthew Tie " –Touch for Health" Red.
Pierfrancesco Maria Rovere – Kinesiologia e Naturologia" Marrapese ed. 2003
Maurizio Piva: "I 14 meravigliosi di Touch for Health" Istituto di Kinesiologia.

LA PACE DELLA CREAZIONE FLUISCE TRA NOI

Noi senza gli altri siamo poco o nulla...

In Verità, Semplicità, Amore...
          ...coltiviamo la grande ricchezza:
                              gli altri!

Signore ti lodo, ti ringrazio e ti benedico perché hai dato **conoscenza, capacità e strumenti** a me ed ai miei **angeli, guide e maestri,** per **proteggermi, ispirarmi, liberarmi** da quello che mi nuoce, per svolgere i nostri compiti ed essere realizzati e felici, congruentemente al nostro destino. Grazie perché ci benedici, ci liberi dall'ipnosi, risolvi e concludi il karma negativo nostro e dei nostri avi, accresci il Karma positivo e ci ricongiungi al Tuo progetto di luce e felicità.

Grazie, grazie, grazie.

É fatto, è fatto, è fatto.

Pierfrancesco Maria Rovere.